商跡

日治時期到戰後
台商的海外拓展故事，
管窺台灣在世界的影響力

曾齡儀——主編

目次

● **謀昌返鄉記：二十世紀初台灣與福建商人間的商業糾紛／謝濬澤**

● **璀璨奪目的眞珠：日治到戰後神戶的台灣眞珠商人／許瓊丰**

輯二 一九八〇年代以後的台商

導論

曾齡儀

「台商」——是我們耳熟能詳的詞彙，也是許多台灣家庭的寫照。一九八〇年代中國改革開放以後，台灣商人開始嘗試在中國投資的可能性，到了一九九〇年元月，台灣正式開放國人赴中投資，加速了台商前進的腳步。這三十年來，隨著中國經濟與政治環境的改變，以及台灣推行「新南向政策」，台商投資重心逐漸轉至東南亞地區，他們不僅是台灣經濟力的支柱，也強化台灣在區域發展的重要性。

雖然「台商」是晚近才出現的詞彙，但台灣人赴海外經商在更早的日治時期，甚至清領時期就已存在。清代「郊商」從事台灣與對岸之間的貿易，日治時期的「台灣籍民」（具有日本籍的台灣人），多半是在中國與東南亞活動，又以商人居多。在那個沒有手機與網路的年代，憑藉一己之力前往陌生之地，又承擔著經濟風險，確實需要過人的膽識和勇氣。

當今社會對於「台商」的報導，多著重於選舉期間的政治動向，或是經濟力的影響，然而，台商的面向其實相當多元，本書嘗試從一個較大的時間脈絡與較廣泛的區域，探討日治時期到戰後，在中國、日本、越南、泰國、南美洲巴拉圭與法國的台商議題，作者們分別從歷史學、社會學、人類學以及政治學的角度，書寫台商在異鄉奮鬥的故事，藉此呈現更豐富的台商面貌。

本書分為兩部分，共收錄八篇文章，第一部分有四篇文章，作者們探討日治到戰後初期，台灣商人在中國與日本的經貿活動。第一篇是〈百年前的台灣商人在汕頭〉，曾齡儀述說一九二〇—一九三〇年代台灣商人在中國南方「汕頭港」的經歷。當時的汕頭充滿商機，華洋雜處，也有日本人和台灣人前往發展。其中台灣商人的角色尤其特殊，一方面具有日本帝國「台灣籍民」的身分，可享「治外法權」與優惠關稅；另一方面台人熟悉汕頭的語言與風俗，與當地華商多有來往。作者透過「大東製冰公司」這個有趣的案例，說明台商如何與日本人及潮汕商人，時而衝突、時而合作，運用靈活的商業策略尋求出路。

同樣是述說台灣商人在中國的處境，第二篇〈謀昌返鄉記：二十世紀初台灣與福建商人間的商業糾紛〉，謝濬澤以「巖泉號」（茶）與「萬寶源號」（匯兌）的商業糾紛，說明具有雙重甚至三重國籍的公司行號，平時均以「華商」身分進行貿易活動，然而，一旦發生商業糾紛，便以「外籍華商」身分尋求自保，甚至進行訴訟。當商業糾紛演變成「國際交涉」的層次，影響判決結果的已不僅是當事人間的是非對錯，更牽涉到外國在華的勢力消長。

相較於前兩篇文章聚焦於日治時期在中國發展的台灣商人，第三篇論文將焦點轉向日本，許瓊丰的〈璀璨奪目的真珠：日治到戰後神户的台灣真珠商人〉，述說一九三〇年代是日本養殖真珠最興盛的時期，商品多出口到歐美國家，此時台商鄭旺赴日，成為首位從事真珠事業的台灣商人。二次戰後，駐日盟軍總司令GHQ（General Headquarters）將真珠帶回美國，掀起另一波產業高潮，台商也利用機會投入該事業，尤以「台南幫」最著名，他們旅居神户並與當地產生連結，包括成立真珠會社、參與各種社團，並協助日本真珠產業在海外發展養殖事業，同時也成立台灣同鄉會並建立關帝廟等信仰中心。

第四篇是〈從黃及時與尹仲容談戰後台日貿易的重建（一九四七－一九五〇）〉，楊子震從兩位經濟專才人物——黃及時以及尹仲容，一位是本省人，一位是外省人，透過對照的關係，討論他們在戰後台日貿易關係的角色。黃及時在日治時期以「三菱商事」社員身分至天津、北京等地，二次戰後在台北成立公司，經營兩岸貿易。另一方面，尹仲容是戰後來台的外省技術官僚，代表中華民國簽訂多項貿易協定，也包含對日貿易工作。透過上述兩位人物的生命軌跡，呈現台日在二戰之後開展的貿易關係。

本書第二部分收錄四篇文章，探討重心是一九八〇年代以後的台商，分別在泰國、越南、巴拉圭與法國。第五篇〈是僑？還是家？泰國台商發展的心路歷程〉，陳尚懋說明日治時期雖然已有台商前往泰國，但一九六〇年代開始才較具規模，一九八〇年代受到匯率、土地與人力等因素影響，更多台商前往泰國經商。一九九〇年代初期，由於中國修正外商與台商進入中國投資的門檻，許多台商開始轉向中國，此舉引起台灣政府關切，推出「南向政策」，爾後又於二〇〇〇年推出「新南向政策」。陳尚懋認為，旅泰台商雖然面臨諸多挑戰，例如「紅衫軍」與「黃衫軍」政治鬥爭造成的政經環境不穩定，但台商們透過商會以及鄉親與宗教組織，融入當地社群，在泰國建立新家園。

第六篇〈流轉的資本：越南台商的在地投資與路向〉，王文岳說明日治時期在台灣總督府「南進政策」之下，已有「台灣籍民」前往越南經商。二次戰後因國民政府戒嚴，台越貿易中斷數十年，一九八〇年代中期以後，台商開始在越南投資，以「機車製造業」與「製鞋業」為代表。一九九七年亞洲金融風暴後，一方面台商在越南投資的對話層級升高，但另一方面越南也出現更多的勞工抗爭運動，尤以二〇一四年的「五一三工人暴動」最嚴重。簡言之，台商在越南投資經過近三十年的變化，投資項目從簡單趨向複雜，同時，在「新南向政策」的加持下，建立起台越之間政府層級的對話，台商的權利也可獲得較完善的保障。

第七篇〈南美洲巴拉圭的台商故事〉，郭忠豪說明戰後初期，台灣即派遣農耕隊前往中南美洲國家，進行農業技術交流，在經貿上也相互往來，奠立良好關係。作者透過兩位台灣人——郭汶雪與陳傳庚的故事，說明台商在巴拉圭「東方市」（Ciudad del Este）的奮鬥歷程。「東方市」位處巴西與巴拉圭的交界處，雖然是個小城市，但充滿商機。台商學習葡萄牙語（巴西）和西班牙語（巴拉圭），以日用商品與五金百貨建立事業版圖，但也曾遭遇當地政變的重大危機。經過數十年的努力，台商不僅在經濟上站穩腳步，也透過「中華會館」等社團組織相互幫助，為台灣與巴拉圭搭起合作的橋樑。

第八篇〈「去中國化」的折衷與秀異：法國台灣小酒館族裔經濟〉，楊豐銘述說旅法的第一代（類）台商相當低調，但第二代（類）台商多有留學經驗或是法籍伴侶，在個人生命經驗與行事風格與第一代相當不同。第二代台商的商業策略選擇「靠攏日韓，疏遠華人」，強調建立台灣的主體性。例如在巴黎經營小酒館的台商，在店名選擇或是菜單設計上，多融入「台灣元素」藉此顯示與中國的不同，也使得「餐館」成為傳播台灣文化與凝聚台灣認同的所在地。

總和來說，透過上述各篇介紹，我們看到百年來台灣商人在不同地區，透過各式各樣的商業項目，包括製冰業、茶產業、真珠事業、機車製造、製鞋、五金百貨以及餐館等，不僅在經濟上有所貢獻，更重要的是，透過他們的在地深耕，建立了台灣在海外的影響力，開拓了台灣的國際空間。身為編者，感謝每位作者慷慨分享他們的學術研究成果，也感謝麥田出版的用心編輯。希望這本書，能夠讓在異鄉奮鬥的台商故事被看見，展現海外台灣人的多元面貌！

輯一

日治時期到戰後初期的台商

百年前的台灣商人在汕頭

曾齡儀／臺北醫學大學通識教育中心

台商奮鬥的新天地：一九二〇—三〇年代的汕頭

台商，是我們再熟悉不過的詞彙，然而，這並不是一個晚近才有的現象，早在一百年前的日本殖民時期（一八九五—一九四五），就有許多台灣人到海外尋求商業機會，有些人前往日本發展，也有到滿洲國經商者。不過，因著地利之便和風俗文化的近似，更多台灣人選擇去上海與廈門等中國沿海城市發展事業。其中，「汕頭」是台灣人奮鬥的一個新天地。

「汕頭」——這個城市對於我們來說，感覺有些陌生，雖然在台灣的街頭巷尾常看到「汕頭意麵」、「汕頭沙茶火鍋」或是「汕頭牛肉丸」的招牌，但相對於摩登的上海、繁華的廣州、小三通的廈門，多數人對於汕頭的了解十分有限。究竟百年前的汕頭，是一個怎麼樣的地方呢？

從行政區域劃分來看，汕頭和廣州同屬「廣東省」，不過兩地差異頗大，廣州位在廣東省西部，說粵語、吃粵菜，鄰近城市有「佛山」和「東莞」。「佛山」是武術大師黃飛鴻的出生地，台灣觀眾對於李連杰的「佛山無影腳」印象深刻；「東莞」則是現在的台商重鎮，五光十色的夜生活宛如不夜城。另一方面，汕頭位於廣東省東部，緊鄰福建省，在語言文化、風俗習慣各方面，與其說是接近廣州，其實更近似福建。汕頭當地說的是「潮汕話」，屬於閩南語系，台灣人到汕頭，對其語言可掌握六、七成。

十九世紀以前，汕頭與香港一樣，僅是個沒沒無聞的小漁村，清國與列強簽訂不平等條約之後，改變了兩地的的命運。香港因著一八四二年鴉片戰爭的《中英南京條約》開港，爾後成為東方明珠；汕頭是依據一八五八年《中英天津條約》開港，不過，當時約定開放的是「潮州」，卻發現潮州並未臨海，算是一場美麗的誤會，爾後才改為汕頭。自從汕頭開放為通商口岸之後，列強勢力陸續進入，在此設立洋行進行貿易。

人口不多卻能賺大錢的汕頭

做生意的人都知道，「市場廣大、人口眾多」是賺錢的必要條件，但是汕頭的人口並不多，一九二〇年代汕頭的人口數約十二萬，一九三〇年代的人口數約十九萬。不過，若看實際的貿易額度，汕頭的表現確實令人驚豔。以一九二六年為例，該年度汕頭的內外貿易額高達八千八百三十八萬海關兩，在中國各通商口岸排名第七，僅次於上海、天津、大連、漢口、廣州和青島，堪稱華南重要貿易據點。而且，八千多萬海關兩的貿易額中，百分之七十六是進口，百分之二十四是出口，有相當明顯的貿易逆差。[1]

令人好奇的是，人口不多的汕頭，為何會有高額貿易量？而貿易逆差又代表了什麼？

腹地、僑匯

這樣的現象恰好反映汕頭貿易的兩點特徵，第一是做為「轉運中繼」的特徵。進口到汕頭的商品並非只供應當地使用，而是透過水路和陸路運送至其他地區。汕頭以韓江和潮汕鐵路、汕樟鐵路等交通，將進口貨物送到潮州、揭陽、潮陽等附近城市，運送範圍可達廣東省東部、福建省西部和江西省南部等較內陸的市場。[2] 換言之，汕頭雖然不大，但背後的腹地卻是相當廣大，因此會有與其城市規模不太對稱的貿易額。就其轉運點、中繼站的角色，與香港頗為類似。

汕頭第二個重要特徵是「僑鄉」與「僑匯」。潮汕地區耕地狹小，生活不易，為了尋找更好的工作機會，潮人從汕頭搭船出海，前往東南亞的暹羅（泰國）、新加坡和安南（越南）等地，第一次出洋高峰大約是清乾隆至嘉慶年間，第二次高峰是十九世紀汕頭開港之後。[3] 這些在海外辛勤工作的潮汕人定期寄錢回家，也就是俗稱的「僑匯」或是「僑批」，在早期銀行匯兌不發達的時代，透過民間管道將家書和金錢送到親人手上，這種方式在有「僑鄉」之稱的閩粵地區非常普遍。由於接收了大量的僑匯，貿易逆差足以平衡。

既然具有「轉運站」的特徵，又有充足的僑匯支持逆差，汕頭成為列強進行貿易的絕佳據點。隨著外國勢力的進入，一九二〇—一九三〇年代，汕頭已經相當國際化，包括美國、英國、德國、法國、荷蘭、葡萄牙、俄國與日本皆有僑民在此居住，市區有領事館、教堂、洋行、西式學校與醫院，還有汕頭人開設的銀莊匯兌、僑批、酒莊、茶樓、酒樓、客棧、藥材行、綢緞布莊與各式商店，商業蓬勃發展。

在地理環境方面，汕頭市街可分為三部分，若參閱一九二〇年代日本駐汕頭領事內田五郎繪製的地圖，第一部分是地圖（圖1）左邊的「老城區」（扇形區塊），該商業

1 內田五郎編，《新汕頭》（台北：南洋協會台灣支部，一九二七），頁三、二六。謝雪影編，《汕頭指南》（汕頭：汕頭時事通訊社，一九三三），頁八。

2 安重龜三郎調查，〈汕頭案內：附潮州案內〉，《台灣教育》二一三期（一九二〇年二月），頁五二。

3 巫秋玉，〈明清時期潮汕港口發展與潮人下南洋〉，收於李志賢主編，《海外潮人的移民經驗》（新加坡：八方文化企業，二〇〇三），頁三八九－三九八。

區以小公園為中心，放射狀街道通往海邊，許多重要設施都在這裡，包括：潮海關、太古洋行、怡和洋行、德記洋行、總商會、郵便局、電報局、公安局、台灣銀行、大阪商船會社、山口洋行、幸坂洋行、大和醫院（台灣醫師）、三麟公司（台商）等。

第二部分是從扇形老城區往右延伸，以「外馬路」為主的大道，這區稱為崎碌，兩側有日本領事館、法國領事館、美國領事館、德國領事館、美國標準石油會社、亞細亞石油會社、汕頭市政廳、汕頭旅館（日本人經營）、博愛醫院（台灣總督府設立）、東瀛學校（台灣總督府設立，專供台灣子弟就讀的學校）以及日本人小學校等。

第三部分是老城區與崎碌對岸的島嶼「礐石」（或稱角石），這裡是汕頭開港後外國人（以英國為主）最早移入的區域，島上有英國領事館、西式洋房、也有外國人墓地。

我們可以想像，一九二〇—一九三〇年代的汕頭是一個華洋雜處、商機無限的地方。海內外各方商人匯集，談生意總需要飲宴場所，老城區的「中央酒樓」、「陶芳酒樓」和「永平酒樓」是當時最負盛名的酒家，擺設闊氣，供應美酒與正宗潮州佳餚，還有娛樂助興，是許多豪商談事情的首選。

說到「中央酒樓」，一定會提到「南生百貨大樓」，這棟樓是印尼華僑李栢桓集資

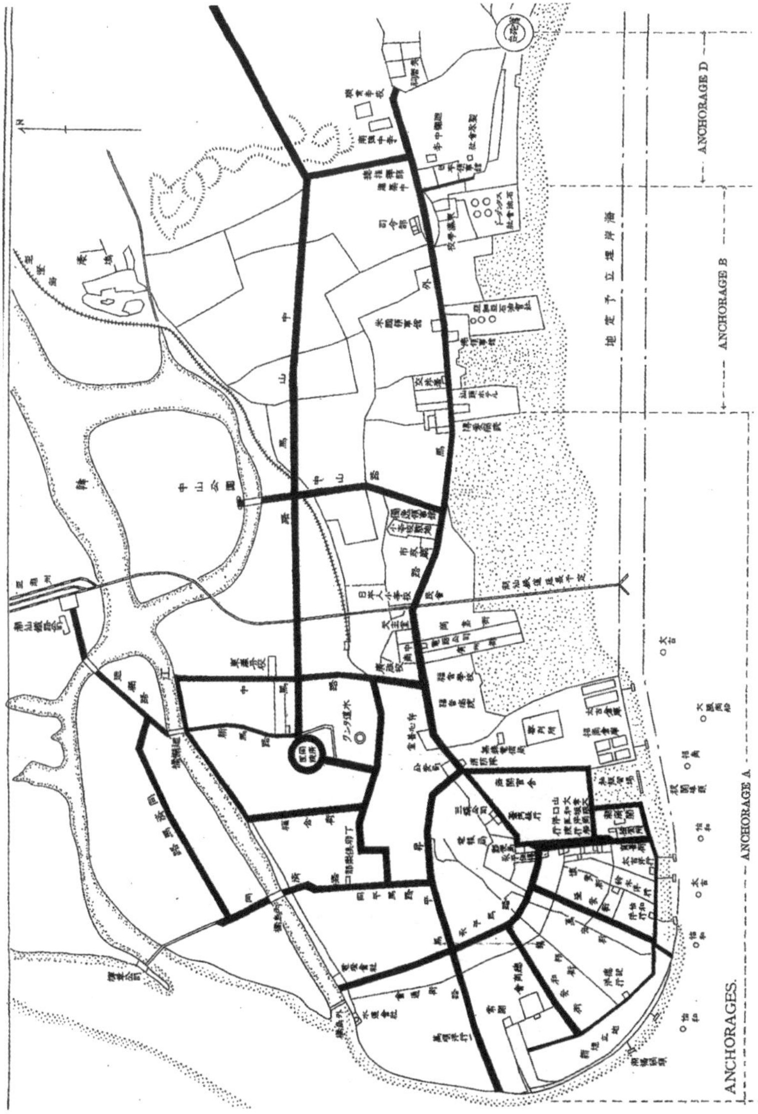

圖1　日本領事内田五郎繪製之「汕頭市街圖」，引用自《新汕頭》。

圖2　1930年代的「南生公司」，《汕頭指南》廣告。

圖3　「南生公司」遺跡（2013年），曾齡儀提供。

興建，蓋得美輪美奐，一、二樓是百貨部門，販賣化妝品、陽傘、鐘錶、西裝、洋服、金銀首飾等高級商品；三、四樓是「中央酒樓」，典雅富麗的宴會廳提供游水海鮮等經典潮州菜餚；五、六、七樓是「中央旅社」，六樓和八樓還設置天台景觀花園，供房客散步休憩。「陶芳酒樓」則以「魚翅」著稱，潮州菜最出名的就是鮑參翅肚，富商巨賈邊談生意，邊享用高級海味。「永平酒樓」也是摩登建築，樓高八層，裝潢典雅貴氣，又有潮菜名師坐鎮，內設有酒店客房供顧客休息。

圖4　「永平酒樓」，《汕頭指南》廣告。

透過史料與老照片，我們彷彿穿越時空，佇身於一九二〇—一九三〇年代的汕頭街道，看著人來人往的熱鬧市集，有金髮碧眼的洋人傳教士、有從南洋衣錦還鄉的華僑商人、有留著辮子的當地小販、有穿著制服的日本職員，當然也少不了台灣商人的蹤跡。

汕頭的台商社群

在汕頭舊城區有兩條巷子，一條叫做「台灣左巷」，另一條叫做「台灣右巷」，由街名可知，百年前的汕頭確實有台灣人的足跡。

台灣人為什麼來汕頭呢？主要區分成兩種類型，第一種是「外派類型」，也就是受到台灣總督府的指派，前往汕頭的日本機構服務。例如：一九〇五年中國要興建汕頭至潮州的鐵道，也就是後來的「潮汕鐵路」，但技術有限，因此由日本的「三五公司」承包工程，台灣總督府派遣技術人員至汕頭，當中也包含十名台灣人。[4]

此外，也有台灣教師被總督府外派至汕頭的日本學校任教，當時的背景是，隨著

「潮汕鐵道」的興建工程，汕頭當地的日本社群逐漸擴大，為了解決學童教育的問題，培養帝國臣民應有的德性與才藝，一九一五年台灣總督府在外馬路上成立汕頭「日本人小學校」和「東瀛學校」，前者給日本學童就讀，後者供台灣子弟就讀，同時也招收中國兒童，希望透過日語教育，培養親日的中國人。雖然汕頭「東瀛學校」歷屆校長都由日本人擔任，但教師當中有多位台灣人，包括一些夫妻檔，例如：屏東萬巒的鍾兆興夫婦、台北大稻埕的徐風樟夫婦、台南學甲的陳長生夫婦，以及宜蘭羅東的鄭嘉昌夫婦。

圖5 汕頭「東瀛學校」師生照，鄭美華（鄭嘉昌之女）提供。

4 外務省通商局，〈雜報清國在留本邦人職業別表〉，《通商彙纂》明治三十八年第六十三號（一九〇五年十一月三日），頁六一。

第二種類型是以商人為主，他們基於地緣、血緣或是商機，自願前往汕頭發展。根據日本外務省調查編輯的《通商彙纂》，一九〇七年，當日本正式在汕頭設立領事館之時，有一百多位台灣人居住在汕頭，大多是經營布匹、銀莊、雜貨、糖穀和蓆包買賣的商人與其親屬。[5] 二十年之後，到了一九二七年，汕頭的外國人士約有一千名，其中台灣人占了近四成，堪稱當地人數最多的外國人社群。[6] 到了一九四三年中日戰爭晚期，汕頭有近兩千名台灣人，在中國各城市排名第五，次於①廈門（八千五百六十五人）②海南島（七千七百七十一人）③廣東（亦即廣州）（四千兩百五十六人）與④上海（三千七百六十七人）。[7]

台灣人選擇到中國從商的原因，除了市場的考量外，「國籍」也是至關重要的因素。日治時期台灣人屬於日本帝國臣民，在海外（中國、東南亞）的台灣人被稱為「台灣籍民」，意思是「擁有日本國籍的台灣人」。日本國籍的身分，對於台灣人非常有利，基於中日之間的不平等條約，台灣人在中國享有治外法權。不過，對喜歡做生意的台灣商人來說，擁有日本籍的最大好處是「可免除稅務」，包含港口關卡的「釐金稅」、「落地稅」與其他大大小小的稅捐。「釐金稅」是商品稅的概念，通常是商品價格的百分之四－五，落地稅大概在百分之一以內，「籍民」身分確實可幫台灣商人省下一大筆錢。然而，如同今日許多人透過買賣方式取得他國護照，當時不少中國人為了獲取稅務與司法訴訟上的好處，透過賄賂或是欺騙的方式獲取「籍民」身分，當中不乏從事鴉片、娼館、黑幫等暗黑事業之人，此種情況尤以廈門最顯著。因此，雖然統計數字上廈門的台灣人最多，但當中究竟有多少假台灣人，就不得而知了。[8]

相較於廈門的複雜情況，汕頭的台灣社群較單純，多為正派經營的商人，其店舖集中在老城區與外馬路一帶，該區離港口近、商業繁榮，很適合做生意。為了追尋百年前汕頭台商的蹤跡，本文綜合多項史料，包括日本外務省《通商公報》、《海外日本実業者の調查》與《臺灣日日新報》的資料，加上日人與汕頭人的著作，例如《汕頭商埠》（東瀛學校安重龜三郎校長）、《新汕頭》（日本駐汕頭領事內田五郎）、《汕頭指南》（汕頭報業人士謝雪影），勾勒出當時台商的樣貌。

5 外務省通商局，〈居留地及居留民清國各地在留本邦人職業別表〉，《通商彙纂》明治四十年第六十號（一九〇七年十月二十三日），頁六八。
6 內田五郎編，《新汕頭》，頁四。
7 大田修吉，〈海外に於ける本島同胞〉，《新建設》三卷三號（一九四四年三月），頁三六。
8 松浦章、卞鳳奎，〈中國華南地區臺灣籍民之特性及其問題（初探）〉，頁二一六。

首先是台商交易的貨品，主要有「糖蜜酒精」、「海產」、「煤炭」、「藥品」與「火柴」。所謂「糖蜜」是製糖過程中的副產品，甘蔗榨汁之後，將剩餘的糖水發酵製成酒精，就變成「糖蜜酒精」。主婦們最愛的「紅標米酒」，早期便是以米酒加上糖蜜酒精調和而成。百年前的汕頭台商，將「台灣製糖會社」（今天的台糖）的糖蜜酒精進口到汕頭，加水調和之後，賣給東南亞的華僑飲用。另外，台灣的糖蜜酒精也與天津「高粱酒」混合，賣給汕頭當地人飲用。[9]

「海產」也是台商交易的重要貨品。今天我們提到日本料理，立刻聯想到各式新鮮海產，北海道毛蟹、干貝與海膽、伊勢龍蝦、廣島牡蠣，更別說是新鮮旬魚，春天的真鯛、夏天的沙丁魚、秋天的鯖魚、冬天的鮪魚和鮭魚，令人食指大動。汕頭台商從日本進口各種水產乾貨，包括：魚乾、乾蝦、甘貝、鮑魚、乾鱈、介類、海參、洋菜和海帶，多經由香港、上海，或是基隆轉運至汕頭。[10] 這些海產乾貨透過廚師的巧手，成為一道道珍奇美味的潮州菜餚。

「煤炭」，日語叫做「石炭」，二十世紀初期中國的電力和熱能都靠煤炭，以汕頭來說，年需求量約十萬噸，分別從日本九州、台灣基隆、越南鴻基和海防，以及中國本地的開平輸入。台商將「九州炭」和「基隆炭」進口到汕頭，原本是九州炭較多，但隨著基隆煤礦的崛起，逐漸成為輸往汕頭的大宗。一九二〇年代中期，汕頭市區的電燈、水道、鐵道、小蒸汽，還有工廠所需之煤炭，幾乎都由基隆炭供應。[11]

此外，日本的「藥品」頗負盛名，街頭巷尾四處皆有的「藥妝店」是台灣旅客的採買重點，不論整腸保健的「表飛鳴」、治痰去咳的「龍角散」、專治感冒的LuLu膠囊，或是外傷、止癢、潔膚等琳瑯滿目的商品，都深受喜愛。百年前的汕頭台商也將日本的藥品和醫療器材進口至汕頭，生意興旺。

下面是幾個較具代表性的汕頭台商家族：

1. 台南陳冠英家族：陳冠英（一八八〇—一九二六）是台南著名的米糖商人，其家族在一九一〇年代前往汕頭，在「昇平街」開設「萬源洋行」，經營糖

---

9 〈支那酒：一二一、汕頭の酒〉，《臺灣商工月報》八十二期（一九一六年二月），頁一八—二一。〈汕頭に於ける酒精狀況〉，《臺灣商工月報》八十八期（一九一六年八月），頁二八—三〇。

10 田中莊太郎，〈汕頭に於ける海產物狀況〉，《臺灣水產雜誌》十二期（一九一六年十二月），頁八九—九〇。田中莊太郎，〈關於汕頭海產物狀況〉，《臺灣水產雜誌》二十二期（一九一七年十月），頁一—一〇。

11 〈調查及報告：汕頭石炭需要狀況〉，《臺灣鑛業會報》三十五期（一九一六年十一月），頁二〇—二三。福留喜之助，〈台灣の石炭鑛業に就て（下）〉，《臺灣鑛業會報》七十一期（一九一九年十一月），頁三—五。〈汕頭石炭需給狀況〉，《臺灣鑛業會報》一二七期（一九二六年一月），頁四九—五一。

蜜酒精、海產、火柴的買賣。一九二〇年代中期，陳冠英的姪子陳祺輝接手事業，他不僅生意做得好，也積極參與當地事務，擔任「台灣汕頭會」的幹事。一九三〇年代初期，台南同鄉黃欣（一八八五—一九四七）想在汕頭成立一家製冰廠「大東」，陳祺輝也加入當股東。

2. 新竹饒維珍家族：饒家在一九一〇年代晚期來到汕頭，在「永平路」開設「神州洋行」，經營藥品、雜貨進出口，家族成員饒維運、饒維信、饒扶桑都在此工作。一九二〇年代饒家跨足經營旅館業，開設「神州飯店」和「華安旅館」，二戰之後才返回台灣。[12]

3. 桃園中壢余家：余家在一九二〇年代初期來到汕頭，在「育善街」設立「裕泰洋行」，將機械、化學藥品等輸往汕頭，一九三〇年代，由余阿岑擔任公司負責人，家族成員余錫圓、余錫岑、余錫丹、余桂英、余碧海、余菩提皆在汕頭。值得一提的是，余阿岑的妻子林美祥是潮州人，從上海「東南醫學院」畢業後赴日深造，是當時少見的女性醫師。[13]

當時，確實有一些台灣醫師在汕頭開業，例如：來自高雄的王振謙，從「台灣總督府醫學校」畢業後在汕頭經營「王振謙診療所」。另一位簡永祿是台中豐原人，從總督府醫學校畢業後，一九二〇年代中葉來汕頭，在「育善橫街」開設「大和藥房」，看診兼經營藥種販賣。爾後，由簡積玉接手，從花柳科到肛門科，都可以看診。此外，也有一位名叫王景霖的台灣牙醫，在「永平路」開設「太原牙科」。

4. 屏東六堆蕭信棟：蕭家是佳冬望族，蕭信棟留學日本後，一九一五年投資興建連接汕頭與樟林之間的「汕樟輕便鐵道」。[14] 一九一六年在汕頭設立「永和洋行」，開採廣東隆豐的「鎢礦」（重要軍事原料），賣給日本與

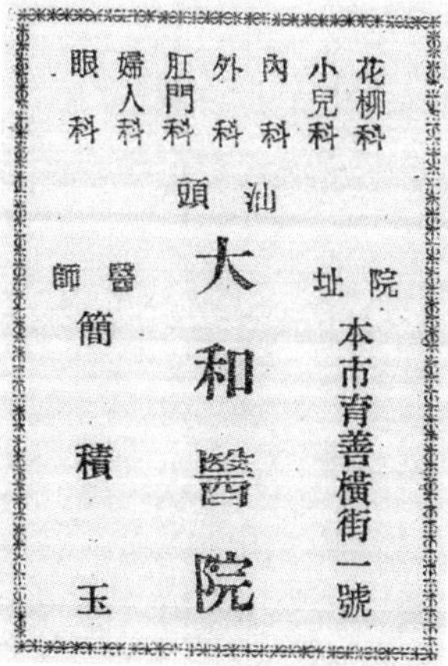

圖6 大和醫院，《汕頭指南》廣告。

12 〈潮汕區奉准遣回或留拘之臺僑及眷屬名冊等電送案〉，《汕頭臺胞返籍接運》，「台灣省行政長官公署檔案」（南投：國史館臺灣文獻館藏），典藏號：00306520012007。

13 陳憶華訪談、紀錄整理，〈訪余正雄先生談中沙往事與母親〉，《國史館館訊》第二期（二〇〇九年六月），頁一二二—一二七。

14 〈今や六大商港の一　無名の漁村から發展八十年事變前は邦人數が壓倒的〉，《大阪朝日新聞》，一九三九年六月二十二日。

美國。爾後，隨著一次大戰結束，鎢礦需求大減，公司也隨之沒落。不過，蕭信棟並未放棄在汕頭經商的夢想，一九三五年又在汕頭開設「展南公司」，經營酒類、醬油和雜貨買賣。[15]

此外，有些「台商」是在中國出生，爾後入籍日本，例如：大稻埕茶商陳廣述，他出生於潮州（一八五六），日本領台後入籍，在大稻埕經營「美盛述記」茶行並擔任「台北茶商公會總會」幹部，相當積極。在汕頭開設「廣源洋行」（茶），交易金額高達三十萬元，事業版圖橫跨潮汕、台灣與暹羅。

另一位著名的入籍台商是羅炳章，他出生於浙江（一八七八），日本領台後擔任日本海軍的通譯，也曾在台北城內郵局工作。一九〇四年，他以「潮汕鐵道」事務員的身分前往汕頭（可能是通譯），一九一五年在汕頭的「外馬路」成立「三麟公司」，經營酒糖蜜精、海產、煤炭和火柴生意。此外，羅炳章也跨足保險業，他代理「帝國生命保險會社」業務，算是一個新興事業。一九三〇年代，由後人羅振麟、羅兆麟、羅惠麟接手，繼續在汕頭經營事業。

夾縫中求生存：大東製冰公司的案例

汕頭台商雖然有日本國籍的加持，加上努力打拚，也算經商有成。不過，腳踏的究竟是別人的土地，特別是一九三〇年代中日關係惡化，汕頭也興起濃濃的排日風潮，在政治與經濟不穩定的情況下，如何在險境中求生存，就需要運用台商的智慧了。

一九三〇年，台南名宅「固園」的主人，黃欣、黃溪泉兄弟計畫在汕頭成立了一間製冰公司，於是邀約了台南親友，包括醫師陳介臣、教師黃木邑和陳長生等人集資入股，並找了幾位潮州商人加入，共同組成了「大東製冰公司」。由於股東多為台人，自然向汕頭當地的日本領事館進行登記。不過，卻遭到日本領事別府雄吉的刁難，意圖安插親信擔任公司經理，遭到台人股東拒絕。

惱羞成怒的別府領事，於是利用職務之便，不僅不發出營業許可，更向簡永祿、陳

15 外務省通商局編，《海外日本実業者の調查（第三卷）：大正七－八年》（東京：不二出版，二〇〇六），頁三七。外務省通商局編，《海外日本実業者の調查（第六卷）：昭和六－十年》（東京：不二出版，二〇〇七），頁二七一。外務省通商局編，《海外日本実業者の調查（第八卷）：昭和十四年》，頁一四九。

棋輝、陳長生、黃木邑等幾位台人股東發出「退去命令書」，稱其妨害地方安寧，必須離開汕頭。然而，這純粹是日本領事假公濟私的報復行為：簡永祿是醫師，在汕頭經營「大和醫院」，陳棋輝是殷實商人，經營「萬源洋行」，兩位皆居住汕頭多年，頗受地方敬重。陳長生原是總督府外派至「東瀛學校」的教師，後來棄文從商，黃木邑原本也在台南教書，受邀至「大東公司」擔任專業經理人，自然也無妨害安寧之實。

由於營業許可遲遲不核准，公司無法營運，台人股東們於是決定將「大東公司」負責人由黃欣改為潮人股東鄭子彬，改向中華民國政府註冊，使公司得以早日營運。

至於收到「退去命令」的幾位台人，尤以陳長生的境遇最辛苦。他的家人和事業都在汕頭，被迫回台之後雖然試過許多管道，依然找不到合法回汕頭的方式，最後不得不偷渡，從日本門司轉往上海，再進入汕頭，然後在一九三一年向中華民國政府內政部申請中國籍，放

圖7 黃欣（右）、黃溪泉（左）兄弟，黃隆正提供。

棄日本籍，從此以「中國人」的身分在汕頭活動，不再受到日本領事館的管轄。

登記在中華民國名下的「大東公司」，逐漸步上軌道，雖然當地還有「汕頭」與「華潮」兩家製冰公司，但「大東」獲利頗豐，每期盈餘皆由台人股東和潮汕股東均分，彼此關係和諧。然而，一九三二年上海發生了「一二八事變」，中國各地反日激烈，汕頭當地也發起了「反日人、抗日貨」的愛國運動。

或許是時勢氛圍讓「大東公司」的中國股東起了歹念，想排除台人股東，獨占公司。身處異地的台商為了自保，起初採取委曲求全的隱忍策略，但他們亦深知「軟土深掘」的道理，一味退讓終究不是辦法，隨著潮人股東益發囂張，結合當地武力並利用輿論民情，台人股東向汕頭的「日本人居留民會」求助，並向日本領事館註冊「大東公司」，再共同拜訪汕頭公安局，尋求中國官方的協助。經過數月較勁，台人股東成功驅逐

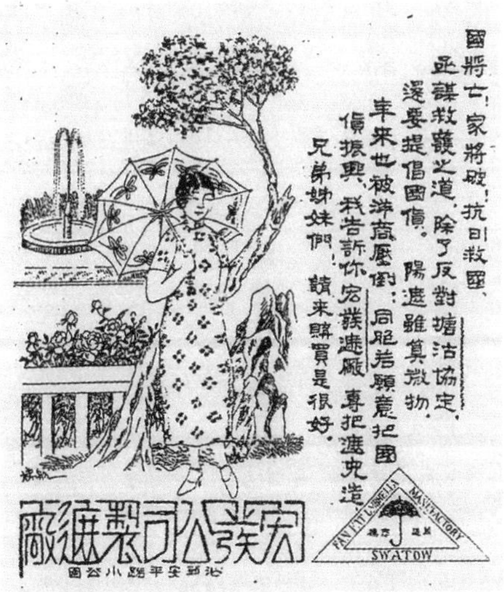

圖8　1930年代愛用國貨運動，「國將亡、家將破、抗日救國」，《汕頭指南》廣告。

潮汕勢力，順利保下公司，這場經營權保衛戰總算落幕。

「大東公司」的案例反映了台商在外的真實處境，首先是「國籍」問題。公司成立之初，為了避免日本領事的威脅而向中華民國政府註冊。到了一九三二年股東權益之爭時，公司又向日本領事館登記，獲得日本的保護。換言之，「中國籍」與「日本籍」在不同時空下，分別保護了「大東公司」。若以個人來說，陳長生的案例也顯示了「國籍」影響台商利益至大。

其次是台灣人和中國人的關係。對於百年前的台商來說，日籍身分有時是護身符，有時卻是催命符，當抗日之風興起且攸關商業利益，台人事業容易成為箭靶。誠如今日在中國的台商們，一方面借助當地的土地、廠房、人員與市場，或許能事業發達，但同時也需時時謹慎，稍不留神就落得人財兩空的下場。歷史是一面明鏡，不論是百年前或是今日的台商，如何在複雜詭譎的異地確保自身安全與公司利益，考驗著台灣商人的智慧。

＊本文部分內容改寫自〈亦敵亦友：二十世紀初期汕頭台灣商人與日本殖民者、潮汕商人的合作和競爭〉，《臺灣史研究》第二十四卷第四期（二〇一七年十二月），頁七七—一一二。

謀昌返鄉記

二十世紀初台灣與福建商人間的商業糾紛

謝濬澤／國立高雄科技大學博雅教育中心

一八九五年五月八日，大清帝國與日本簽訂《馬關條約》結束清日戰爭。受到《馬關條約》約束，在台居民必須在一八九七年五月八日以前，決定要留在台灣成為「日本臣民」，抑或是賣掉不動產離開台灣。台灣總督府為了區別台灣居民與在台日本人，逐漸發展出「台灣籍民」的稱呼。「台灣籍民」的身分與其他日本臣民一樣，在中國享有等同於西方諸國在中國所享有的最惠國待遇，也就因此「台灣籍民」的身分，成為往返於海峽兩岸的台商們擴張商業利益或是保障自身權益的「護身符」。然而當商業糾紛發生時，「台灣籍民」這張護身符到底如何發揮作用呢？

一九〇六年六月三十日晚上九點，擁有「台灣籍民」身分的茶商林謀昌自安溪返回位於廈門的自家商號「巖泉號」時，遭數十名官差強行押走，沿途還被毆打與辱罵，身上的金戒指、金錶以及大洋也遭趁亂奪走。一行人將林謀昌押至興泉永道衙署接受訊問，甚至為了避免林謀昌逃逸，還在他的手腳鎖上鐵鍊限制他的行動。[1] 為何林謀昌會遭到這樣的對待？這必須從他的父親林敦巖所開設的商號「巖泉號」與萬寶源號的商業糾紛談起。

巖泉號與萬寶源號的商業糾紛始末

林敦巖是福建省安溪縣人，在廈門的打棕街開設商號「巖泉號」，主要進行茶葉的收購與出口貿易。安溪原本就是產茶的重鎮，林敦巖會選擇在廈門開店，就是利用自己熟悉產地且廈門是離安溪最近的通商口岸的優勢。但一八六六年以後台灣茶葉由於製作精良而逐漸崛起，甚至取代安溪茶成為最受歡迎的產地，因此林敦巖轉往台灣採購茶葉。林敦巖渡台經商後與寡婦許甜私通產下一子，取名為林謀昌。日本領台之初，林敦巖為避亂帶他移住廈門。林謀昌二十歲的時候，林敦巖派他回到台灣收購茶葉，並在艋舺的親戚協助下補編入戶口，成為台灣籍民。[2]

萬寶源號代售巖泉號茶葉

林敦巖將閩台茶葉銷往新加坡，獲得相當好的成績，在當地遠近馳名。為了更進一

1 〈謀昌被捕事件補遺〉，《漢文臺灣日日新報》（一九〇六年十一月十六日），第五版，雜報。

2 臺灣總督府公文類纂，〈林謀昌身元取調及廈門道臺ニ不法拘禁引取方等ニ關シ在廈領事外一名ト再三往復ノ件〉。

步拓展在新加坡的銷售通路，林敦巖還在新加坡設立分棧販售茶葉。但因為新加坡分棧的人員發生嚴重弊端，迫使林敦巖辭退這些人。為了繼續經營在新加坡的生意，林敦巖與萬寶源號的顏汝猷合作，將巖泉號的茶葉委託萬寶源號在新加坡的分店——萬協和號——銷售，所得款項林敦巖則就近向廈門的萬寶源領取。

然而萬寶源號並不是一家專門經營茶葉貿易的商號，而是經營匯兌合股的商號。在十九世紀中葉以後，大量中國勞工輸出海外，就跟現在的移工一樣，被稱為「華工」。而廈門自一八四〇年開港通商以後，就是華工出洋的重要港口。出國工作的華工會將海外所賺得的收入匯回家鄉供家人使用，便是所謂的「僑匯」。據不完全的統計，從一八七一年到一九四九年間，僑匯總數達十五．三億元。[3] 而萬寶源與萬協和號的開設，便是著眼於僑匯所帶來的利益。於此同時，也藉著在新加坡設有分店之便，代售巖泉號茶葉。

萬寶源號人事異動，經營不理想

萬寶源號的股東有三位，其中擔任「當事」[4] 的陳炳煌具有深厚的政治經濟背景，他在一八九七年透過捐官取得廣東候補知府官銜。陳炳煌的父親陳再安是越南華僑，在堤岸（今越南胡志明市）經營輾米廠累積巨富，是福建海澄地方的望族，陳家兄弟由於父親的身分而取得法國國籍。

然而萬寶源號的經營狀況並不理想，「當事」的人事異動頻繁，後來新加坡分店萬協和號受到人事更迭的影響，經營不利因而解散。陳炳煌為彌補因萬協和號解散所導致的虧損，要求股東按股均攤，但對方不願意，因此雙方在一九〇五年春天相互興訟。為了在訴訟上取得優勢，陳炳煌再度將萬寶源當事換成法籍的陳和成，希望借「洋勢」與之抗衡。

林敦巖與萬寶源號的帳款糾紛

另一方面，隨著萬協和號的倒閉，林敦巖決定解除與萬寶源號的契約關係，要求結算新加坡與廈門兩地帳目。怎知萬寶源號不但不肯結清帳款，還先發制人地在一九〇五年六月間，稟請法國駐廈門領事照會廈門海防同知，聲稱林敦巖積欠法商萬寶源號一萬

3 戴一峰，〈閩南海外移民與近代廈門興衰〉，《二十一世紀雙月刊》總第三十五期（一九九六年六月），頁五一。

4 當事即為商號主事者，類似今日的商店負責人。根據當時的規定，商號所屬的國籍會隨著當事的國籍登錄，因此如果負責人從中國籍人士改成法國籍人士，商號也會跟著從華商變成法商。

餘兩，請廈防廳協助查封其家產。

廈門海防同知派人將巖泉號所有的茶葉扣留，又要安溪知縣到林敦巖老家中盤查。[5]不堪其擾的林敦巖只得出訴，並將雙方契約呈驗，言明沒有與陳和成交涉債項，因此希望將巖泉號與萬寶源號雙方的債款移請廈門商務總會台帳會算。然而廈門海防同知卻不接受林敦巖的請求，林只得改向興泉永道台衙門上控，希望能秉公覆審，但林敦巖的舉動依舊遭到了駁回。在地方上的幾番出訴上控受阻後，林敦巖決定直接前往北京商部衙門上控。京控行動終於獲得商部的受理，商部電飭興泉永道，要求該案應會同廈門商務總會召賬會算。[6]

國籍之間的商戰

正當案件出現轉機之際，卻傳來不幸的消息，一九〇五年十月間林敦巖在廈門忽然患病逝世。這樣的突發事件讓萬寶源號有機可趁，陳和成透過法國駐廈門領事要求清政府應質訊林敦巖之子林謀昌。林謀昌在收到父親的死訊後，於該年十二月二十六日抵達廈門為父奔喪，並持父親林敦巖授與的家產遺囑，前往日本駐廈門領事館索取證明文件，申請將「巖泉號」隨林謀昌轉為「日本商巖泉洋行」。

隔年（一九〇六年）一月十五日，林謀昌向廈防廳對訊。在對訊過程中他自述為巖泉號代理人林謀昌，這是林謀昌第一次與清朝官吏交涉。廈防廳依照先前商部的要求，照請商會評議並要求雙方將相關簿據、約據當堂察訊。經過三天的評議，評議員確認根據契約巖泉號是與「清國商」萬寶源來往，而不是與「法商」萬寶源號。雙方各執一詞，最後交涉沒有達成共識，林謀昌只好向北京外務部上稟，期望外務部能照會駐京法國公使轉飭廈門法領事先行銷案，並按照法國名譽賠償律向陳和成求償。在這次的上稟中，林謀昌自稱遭到萬寶源號「恃籍誣控、顛倒冤陷」，並說自己「在台北經營，雖不得不厠日籍……」以此表明自己雖有台灣籍民的身分，卻沒有透過要求日方照會的方式向官府施壓，以此凸顯萬寶源號轉籍「藉外人勢力以自辱同胞」的不正當，在文末更請廈門法領事館銷案，並要求依照法國名譽賠償律懲罰對他誣控的法籍華人陳和成。[7]

5 中研院近史所檔案館，外務部廣東、雲南、福建中法交涉〈法籍陳和成誣控巖泉茶號按照法例賠償名譽並請法使銷案由〉。

6 由於商業上的糾紛關係到債務與債權的清算，地方官衙缺乏相關專業人力，因此會請當地的商會協助擔任公正第三方協助清算。

7 中研院近史所檔案館，外務部廣東、雲南、福建中法交涉〈法籍陳和成誣控巖泉茶號按照法例賠償名譽並請法使銷案由〉。

林謀昌索款不成反被押至衙署

一九〇六年二月間，這起商業糾紛在廈門商會歷經七次的評議，最終商會判斷係林敦巖已於一九〇四年結帳，總計欠萬寶源號四千餘圓。而萬協和號則於一九〇五年結帳，總計欠林敦巖五千餘圓。兩相對抵後，萬寶源號仍應找還林敦巖一千餘圓。整起會算經商會牒報北京商部，再由商部通知興泉永道照案判結。但萬寶源號卻在此時辯稱萬協和號與之無關，而且萬協和號當事已經畏罪潛逃因此無從質對。在關鍵人士失聯的情形下，廈防廳認定這件商業糾紛案暫時擱置。林謀昌為維持巖泉號的生意，便前往安溪購茶。[8]

一九〇六年六月，興泉永道稟覆商部，萬協和號的當事已經到案說明，但他堅稱帳冊在海外，請求寬限一個月的時間蒐集整理，林謀昌無法接受，再向商部具稟，商部催促興泉永道加速審理。[9] 正當林謀昌自安溪返回廈門準備訴訟時，就遭遇陳炳樞帶著數十名官差到巖泉商號內，將他強行押至興泉永道衙署的衝突事件。

林謀昌遭捕與日清交涉

遭押至衙署的林謀昌不解為何會遭到如此對待，道台告訴他是為了林敦巖與萬寶源的互控案。因為林敦巖已死，身為巖泉號代理人的林謀昌因此被抓來對訊。[10] 林謀昌反駁，做為代理人的他，每次都應召喚出面前來，請依照所提狀子調查事實真相，但陳和成不但不出面，還逃至國外，林謀昌卻被以權力壓制，是何道理？道台語塞，最後宣判同意保釋。但林謀昌不願意保釋，且深知身為台灣籍民的權利，因此要求將自己送往日本領事館，但判官不准其所求，遂予以監禁。[11]

由於林謀昌的台灣籍民身分，引起日本駐廈門領事上野專一的關切，在事件發生隔

8 臺灣總督府公文類纂，〈林謀昌身元取調及廈門道臺ニ不法拘禁引取方等ニ關シ在廈領事外一名ト再三往復ノ件〉。
9 〈批福建商人林謀昌稟〉《商務官報》第十二期（光緒三十二年六月二十五日），頁二二。
10 〈廈門排日派之舉動〉，《漢文臺灣日日新報》（一九〇六年八月二十三日），第三版，雜報。
11 臺灣總督府公文類纂，〈林謀昌身元取調及廈門道臺ニ不法拘禁引取方等ニ關シ在廈領事外一名ト再三往復ノ件〉。

天便行文要求道台應依照《中日通商行船條約》的內容處理該事件。[12]為此，上野專一要求引渡林謀昌，但卻遭到拒絕。上野領事轉請閩浙總督崇善處理，但崇善依據道台的報告拒絕，原因是遭到拘拏的人是清國人「林江樹」，而非台灣籍民「林謀昌」，因此拒絕釋放他。

上野領事反駁，林謀昌與林江樹是同一人，台灣在清治時期一人兩名是相當稀鬆平常的事，江樹是林謀昌幼時乳名。根據上野專一委託台灣總督府的調查，林謀昌出生於一八八三年，是艋舺龍山寺街四十五番住户林俊的外甥，曾在苗栗鹽務支館擔任聘雇的書記工作。況且林謀昌持有台北廳所核發前往廈門的第二四九〇八

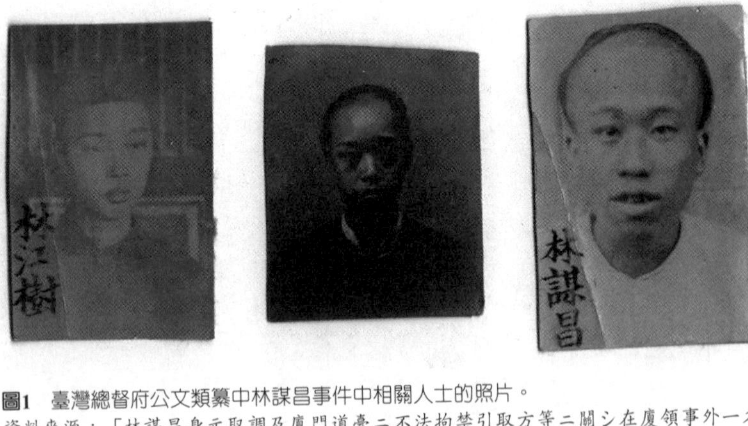

圖1　臺灣總督府公文類纂中林謀昌事件中相關人士的照片。

資料來源：「林謀昌身元取調及廈門道臺ニ不法拘禁引取方等ニ關シ在廈領事外一名ト再三往復ノ件」（1907-02-01），〈明治四十年臺灣總督府公文類纂十五年保存第二卷文書警察〉，《臺灣總督府檔案．總督府公文類纂》，國史館臺灣文獻館，典藏號：00004973014。

號旅行券，[13]並由廈門領事館照會興泉永道，發給林氏遊歷泉州府一帶的護照，這應當足以證明林謀昌是台灣籍民的身分。上野領事依此要求釋放林謀昌，總督崇善卻不予回電、置之不問。[14]

林謀昌的中日國籍釐清與紛爭

在數度溝通未果的情況下，上野領事通報日本駐北京公使館處理，委請時任日本駐京公使林權助與清外務部交涉。除了要求釋放林謀昌外，並按照林謀昌所報資本金，向清政府索取損害賠償。然而在八月中旬，上野專一收到興泉永道將林謀昌移至別房並予以苛刻對待的情報，趕緊以電報通知公使館介入處理。北京公使館收到消息後，在八月二十四日前往外務部拜會外務部右侍郎唐紹儀，雙方就林謀昌遭捕一案進行討論，也一

12 日本在中國之人民及其所有財產物件，當歸日本派官吏管轄。凡日本人控告日本人或被別國人控告，均歸日本妥派官吏訊斷，與中國官員無涉。《中日通商行船條約》第二十款，一八九六年（光緒二十二年）七月二十一日。

13 一九〇五年十至十二月台灣總督府各州廳旅券發行簿（T1011_01_28）。二〇一七/四/十二。臺灣史檔案資源系統。

14 JACAR（アジア歴史資料センター）Ref.C06091840800、明治三十九年　公文備考　巻七十八騒乱外国人（防衛省防衛研究所）。

併談及國籍問題。唐紹儀認為林謀昌是中國人還是日本人需要更仔細的調查，最後的調查結果將會通知公使館。[15]收到外務部的回答後，林權助指示廈門領事館，由於案件中證明林謀昌為台灣籍民的相關證據都在領事館，因此要求領事館加強與道台的折衝與溝通。在廈門領事館再三嚴詞交涉下，道台改口，謂：「林江樹原為清國國民，後以狡詐手段非法取得林謀昌之台灣籍，因而拒絕引渡該人。[16]」

為增強外交施壓的力道，林權助公使藉著晤談日本親王訪華事務的機會與外務部會辦大臣那桐討論林謀昌案。林權助對於廈門道先說林謀昌與林江樹為兩人，後又說林江樹在犯罪後甫入日本籍的說法反覆感到不滿，認為既然入日本籍就是日本人，應交由日本領事處理。因此他要求外務部應電飭廈門道速將林謀昌送交日本領事，那桐則認為林謀昌犯罪在先入籍在後，如果將林謀昌交出，恐日後華人紛紛效尤。林權助仍堅持林謀昌應交與日本領事，並提醒此事已通報日本政府，表示該事件的嚴重性。那桐才驚覺事情的嚴重性，承諾會將此事轉達給總理外務部事務的和碩慶親王奕劻，與之商討並指派新任道台與日本廈門領事商議此事。[17]但事實上廈門領事與道台的商議，得到的仍是拖延性質的回答，不肯放人。[18]

混淆身分成了羅生門

外務部決定責成地方處理，閩浙總督崇善回報外務部，認為將林江樹認定為林謀昌是日本單方面的說詞。況且林江樹在五月十三日以前就已到堂，卻從未提出籍民身分。若現在承認林江樹為林謀昌，此後可能讓一般民眾在訴訟過程不如己意，就可以在訴訟後找外籍領事來當護身符，因此崇善建議外務部應婉拒日本公使的要求。外務部依照崇善的說法，於十月底照會日本公使，提出清國的調查結果，認定林江樹為安溪縣籍，而真正的林謀昌其父親是晉江武生林夢年，據興泉永道的稟報，林夢年親自到廈門指認林江樹假冒一事。既然林江樹已確認為冒籍，自然不能以籍民身分處理。[19]但根據台灣總

15 〈外務部庶務司問答節略簿日本參贊阿部守太郎與唐紹儀為台灣和撤軍條件事會晤問答〉光緒三十二年七月初五日，《明清宮藏台灣檔案匯編》（北京：九州出版社，二〇〇九），頁二五一－二五七。

16 臺灣總督府公文類纂，〈林謀昌身元取調及廈門道臺ニ不法拘禁引取方等ニ關シ在廈領事外一名ト再三往復ノ件〉。

17 〈外務部庶務司會晤記錄日本駐華公使與外務部大臣為臺灣和日本親王訪華事會晤問答〉光緒三十二年七月二十六日，《明清宮藏台灣檔案匯編》（北京：九州出版社，二〇〇九）。

18 臺灣總督府公文類纂，〈林謀昌身元取調及廈門道臺ニ不法拘禁引取方等ニ關シ在廈領事外一名ト再三往復ノ件〉。

19 王克敏、楊毓輝編，《光緒丙午（三十二）年交涉要覽下篇（一）》（台北：文海出版社，一九七四）卷二，頁六六。

督府的調查，興泉永道所指「林謀昌」乃是另一位同名同姓，在台南開設福昌泰什貨洋行的「林謀昌」，與出身台北的「林謀昌」根本不是同一人，但清方卻刻意混為一談，意圖混淆視聽。[20]

由於領事與道台間的交涉幾近破裂，林權助決定從外務部解決問題。經過幾番交涉後，雙方最終達成林謀昌為台灣籍民的共識，並決議依照條約規定，將之交還日本駐廈門領事。唐紹儀於十一月七日致函公使館，稱已電命閩浙總督崇善釋放林謀昌，但根據駐廈門領事的通報，林謀昌並未被釋放。這樣不一致的舉動引起日本公使館不滿，將該文書送還以表達不滿之意。事後外務部澄清，這是因為崇善不願接受外務部的命令，反而嚴加命令道台不得釋放林謀昌所導致。林權助要求解決這個問題，但外務部卻以迴避的態度不願處理。

圖2　砲擊廈門的高千穗號。

資料來源：維基百科　https://zh.wikipedia.org/wiki/%E9%AB%98%E5%8D%83%E7%A9%97%E8%99%9F%E9%98%B2%E8%AD%B7%E5%B7%A1%E6%B4%8B%E8%89%A6

在清政府中央不願負責，地方堅持不肯放人的情況下，林權助決定以強硬的手段迫使道台引渡林謀昌，便向日本負責揚子江流域、南清、台灣警備的「南清艦隊」請求支援，派遣軍艦駛入廈門港向清政府示威與施壓。十一月九日浪速級防護巡洋艦「高千穗號」駛入廈門港，由艦隊司令武富邦鼎向興泉永道當面要求引渡，但道台仍推托說，雖然已收到電報，但仍有二、三個疑點，目前正在求證中，峻拒移交林謀昌。[21] 在這樣中央與地方不同調的情況下，林權助只好再次與外務部談判要求交還林謀昌。[22]

最後終於在雙重壓力之下，在十一月十九日午後外務部命令興泉永道將林謀昌交還日本駐廈門領事。二十日領事館派員前往廈防廳衙署帶回林謀昌並交換引渡文書，結束他歷時近五個月的牢獄生活。[23]

---

20 〈林謀昌被捕事件補遺〉，《漢文臺灣日日新報》（一九〇六年十一月十六日），第四版，雜報。

21 JACAR（アジア歴史資料センター）Ref.C06091840800、明治三十九年　公文備考　卷七十八騷乱外国人（防衛省防衛研究所）。

22 〈林公使之談判〉，《漢文臺灣日日新報》（一九〇六年十一月十八日），第一版，電報。

23 〈交還林謀昌真相〉，《漢文臺灣日日新報》（一九〇六年十二月一日），第二版，雜報。

看不見的手：林謀昌案背後的外交角力

自十九世紀開始，在東亞政治局勢中「西方勢力」具有相當重大的影響力。然而所謂「西方勢力」的影響，不僅僅在於軍事的威脅或商貿的開展，更重要的是西方的國際觀與外交體系也深深地影響著東亞的國家與人民。在林謀昌案裡，可以看到國家與人民如何適應甚至利用西方來的「遊戲規則」，並在這遊戲規則底下謀求自身的最大利益。以下從國家、地方與商人三個角度，分析林謀昌案背後的權力運作關係以及雙方的角力。

二十世紀初強大的日本外交勢力

中、日兩國在二十世紀初有相當不同的外交處境，日本剛經歷日俄戰爭的洗禮，其國際地位達到頂峰，在東亞的影響力已非同日而語。相對於此，清帝國經歷庚子拳亂後八國聯軍的影響，不僅國際地位低落，東南自保運動更凸顯了清帝國中央與地方的分歧。[24] 而在日俄戰後，清帝國與日本於一九〇五年簽訂中日會議東三省事宜條約，日本擴張其在東北之權利，如關東軍之駐屯，南滿鐵路株式會社之經營等。[25]在這樣的背景下，兩國在外交交涉上，清政府屈居弱勢，因此外務部在交涉上，無法堅持「林謀昌為清國人」的立場，甚至向日方宣稱林謀昌案「此事在交涉中不過是最小之事」[26]，在最後接受了對方的主張，將林謀昌認定為台灣籍民。日本公使館則利用外交談判上的優勢，數度向外務部施壓，並透過「炮艦外交」的形式，迫使清政府接受其條件，進而達到保障籍民與日本在華權益的目的。

在地方上，福建自甲午戰後就一直被日本視為勢力範圍，一八九六年時日本便取得了廈門、福州等租界。當列強瓜分中國時，日本也提出福建不得讓予他國的要求。[27]雖然隨後在美國的門戶開放政策的主導下，各國放棄原本劃分的勢力範圍，但日本仍對福建情有獨鍾。一九〇〇年，台灣總督兒玉源太郎與民政長官後藤新平藉著庚子拳亂的機

24 陳博文，《中日外交史》（上海：商務印書館，一九二八），頁二八—三〇。
25 信夫清三郎，《日本外交史》（天津：商務印書館，一九八〇），頁三四四。
26 〈外務部庶務司會晤記錄日本駐華公使與外務部大臣為台灣和日本親王訪華事會晤問答〉光緒三十二年七月二十六日，《明清宮藏台灣檔案匯編》（北京：九州出版社，二〇〇九）。
27 外務省編，《日本外交文書》，第一冊，二十三編，明治年間追補，「福建省不割讓不貸與ノ照會復」（東京：日本國際聯合協會發行，一九六三），頁六三一—六四一。

會，暗中策動「廈門事件」，企圖以武力接管福建。[28] 爾後一九〇二年，後藤新平又授命愛久澤直哉籌組中日合資的「三五公司」，以民營公司型態代行總督府的對岸政策，而鐵路建設是其中的重要課題。[29]

林謀昌案的背後關鍵勢力

在福建的鐵路權利競爭上，日本主要的對手是法國。光緒二十九年（一九〇三年）法國商人魏池出頭謀攬福建鐵路，推陳綱為總辦。[30] 光緒三十一年（一九〇五年）初，法國駐福州領事Paul Claudel照會閩浙總督崇善，要索福建全省路權。後來受到「收回權利」運動的影響，福建紳商欲阻止法、日的介入，改以自辦鐵路方式籌建，因此光緒三十一年八月商部奏准立案成立「商辦福建全省鐵路有限公司」，公舉歸田二十餘年的前內閣學士兼禮部侍郎銜陳寶琛為閩路總理。[31]

雖然閩省鐵路自辦，但背後龐大的經濟利益仍吸引法、日設法介入。因此根據台灣總督府的調查，廈門當地的政商網絡主要形成兩股勢力，一派親日、一派親法，[32] 這也成為林謀昌案背後角力的真正關鍵。時任興泉永道的何成浩與道台衙門總文案鄭煦便是親法派（排日派）領袖，在光緒三十二年（一九〇六年）林謀昌案發生時，陳寶琛正好為了於廈門分設全閩鐵路事務所而抵廈；在何氏的引介下，採用陳炳煌為議董，並令鄭煦兼管鐵路文案，於是兩人交情趨於親密，[33]陳炳煌結合親法派的政商網絡隱然成形。

國際政治經濟局勢影響下商人的選擇

廈門一直是福建地區的重要港口，早在十七世紀便發展成中國東南沿海貿易中心，

28 梁華璜，〈台灣總督府與廈門事件〉，《國立成功大學歷史學報》第三期（一九七六），頁一〇三—一二九。

29 鄭政誠，〈日治時期臺灣總督府對福建鐵路的規劃與佈局（一八九八—一九一二）〉《史匯》第十期（二〇〇六），頁一一一一八。

30 許東濤，〈清末福建商辦鐵路研究〉（蘇州：蘇州大學碩士論文，二〇〇七），頁七。

31 詹冠群，〈陳寶琛與漳廈鐵路的籌建〉，《福建師範大學學報》（哲學社會科學版）第二期（一九九九），頁九六。

32 〈廈門排日派之舉動〉，《漢文臺灣日日新報》（一九〇六年八月二十三日），第三版，雜報。

33 臺灣總督府公文類纂，〈林謀昌身元取調及廈門道臺ニ不法拘禁引取方等ニ關シ在廈領事外一名ト再三往復ノ件〉。

福建南部對外交通的門户。[34]開港後，大量的華人華工從廈門出洋至世界各地，東南亞是其中重要的目的地，這些華人華工的需求也就帶來華商的貿易機會。巖泉號將安溪與台灣的烏龍茶販售至新加坡，萬寶源則從事僑匯的業務，都是在當時的背景下最佳的商業機會。

萬寶源號背後的主要股東——陳炳煌出身華商世家，其父與弟皆是越南的重要華商，從事米穀碾製與販售的工作，累積了龐大的財富，甚至回海澄大興土木。[35]多角化的經營是當時華商產業的一大特色，陳家跨足匯兑業務，足以見得商業擴張的野心。然而商業的經營無法盡如人意，萬寶源當事更動頻繁說明了經營上的困難，最終因為商欠問題與股東林維源對簿公堂。但陳家的身分地位與林維源有落差，商號主要經營者陳炳煌利用家族成員於越南經商獲得的法國國籍契機，將萬寶源號當事更換成具有法籍身分的胞弟陳和成，藉此轉籍法商來爭取在訴訟中的外商特權。與巖泉號的商業糾紛，或許可以視為陳炳煌力挽萬寶源號頹勢的最後一著棋。商業糾紛原是中外商業活動中常見的問題，然而這場華商間的商業糾紛卻因為國籍以及國家利益的議題介入，產生了重大的變化。最後萬寶源號因為林謀昌的台灣籍民身分而失去了原有的在地權力優勢，廈門道台在外務部的命令下，釋放林謀昌。

對巖泉號來說，這場商業糾紛影響深遠，從林敦巖病逝到林謀昌遭囚，歷經千辛萬苦。但從案件中，也發現林敦巖這樣一位地方上的小商人，能夠掌握市場的脈動，進行跨國的貿易。巖泉號利用萬協和號在廈門與新加坡兩地皆有分棧的優勢，將茶葉瞨與萬協和號發兌，巖泉號在新加坡的事業交由萬協和號掌理，所出售之茶葉所得由巖泉號與萬協和號以約八：二的比例分帳，並透過契約文書來明定彼此的責任義務。[36]當與萬寶源號發生糾紛後，林敦巖清楚知道如何透過商會評議自保，更清楚官場的遊戲規則，當在地方上的控訴受到阻礙時，他透過上控商部來保護自己的權益。而當時年僅二十三歲的林謀昌，不但在赴廈門處理父親林敦巖的遺產與商號時，便向日本駐廈門領事館申請將「巖泉號」隨自己台灣籍民的身分，轉為「日本商巖泉洋行」。而在上稟商部的文書裡，強調自身雖為台灣籍民身分但未透過日本照會的方式向官府施壓，藉此凸顯萬寶源號透過轉籍來「藉外人勢力以自辱同胞」的不正當性。在他遭到逮捕後，以不願意保釋、要求將自己送往日本領事館的行動來表明自己身為台灣籍民

34 戴一峰，〈閩南華僑與近代廈門城市經濟的發展〉，《華僑華人歷史研究》第二期（一九九四），頁六六。
35 周萍，〈廈門市海滄蓮塘別墅的建筑特色和价值〉《福建文博》第三期（二〇一二），頁七七。
36 中研院近史所檔案館，外務部廣東、雲南、福建中法交涉〈法籍陳和成誣控巖泉茶號按照法例賠償名譽並請法使銷案由〉。

的身分與權利。由此可以看到，這些遊走於東亞各國間的外籍華商，不但對外國籍在華從事商業活動時所具有的優惠與特權有所認識之外，也對於國籍相關的法律內容與權利義務有一定程度的了解，因此在糾紛發生時，懂得靈活運用相關資源來保障自己的權益。

由於雙方皆投身跨國貿易，相當熟習外籍華人在清帝國的特權與優勢，因此當有機會選擇國籍之時，皆讓部分的家人轉換其他國籍，一方面以「中國人」的身分在華從事商業活動；另一方面在對他國國籍較有利的情況下，轉以「外籍商號」或「外籍華人」的身分爭取最大的利益。在林謀昌案中可以清楚的看到兩造在商業活動順遂的情形下，仍以中國籍的商號活動；但是當經營出現問題、甚至商業糾紛擴大時，雙方都試圖以外籍華商的身分影響案件的發展。不同的是，陳炳煌與廈門親法派的官商集團的利益一致，因而在福建地方政府中發揮較大的影響力，縱使當時的廈門商務總會總理林爾嘉可能會因為父親與陳氏的官司做出偏袒巖泉號的會算結果，但回到福建官署內的判斷與決策還是偏向萬寶源號，甚至放任陳家的家人介入逮捕的行動，由此可見陳家在福建的地方權力。然而當商業糾紛向上延燒成為國際交涉問題以後，陳炳煌的地方政商權力運作無法上達外務部。此時的外務部正著眼於日俄戰爭後日本的撤軍交涉與滿洲善後談判，因此最後在日方的交涉與砲艦威脅下，承認林謀昌的台灣籍民身分，並將之釋放。

＊本文部分內容改寫自〈二十世紀初臺灣與福建商人間的國籍選擇與商業糾紛：以林謀昌案爲中心〉，《臺灣史研究》第二十四卷第二期（二〇一七年六月），頁八三—一一四。

璀璨奪目的眞珠

日治到戰後神戶的台灣眞珠商人

許瓊丰／國立公共資訊圖書館

優雅開放的通商港口：神戶

神戶市是兵庫縣縣廳所在地，與大阪、京都相鄰，氣候溫和，是風浪平緩的深水良港。一八六八年開港後躍升為重要國際貿易港口，在今日「海岸通り」（海岸大道）一帶形成外國人居留地，外國商館櫛比鱗次，洋風建築也改變了這一帶的市街景觀，外國商人經營各種進出口貿易，並引進舶來品與西式點心等西洋文化，使得該城市充滿了異國風情。

眞珠之王御木本幸吉與神戶的特殊地理位置

一位來自三重縣的青年「御木本幸吉」（Mikimoto Kokichi，一八五八—一九五四），自一八七八年開始分至東京、橫濱、大阪與神戶等地旅行，在橫濱時體認了「真珠」的發展潛力，開啟海水真珠養殖實驗的想法，力圖發展。[1] 一八九三年，御木本幸吉從「阿古屋牡蠣」（Pinctada fucata martensii）成功培育出海水半圓形真珠，並在一八九六年取得特許權，開始在三重縣田德島（今稱多得島）養殖真珠，又於東京銀座開設「御木本真珠店」，並在一九〇四年赴美國聖路易斯世界博覽會參加展出的機會進行市場調查。[2] 一九〇五年，當御木本幸吉將「珠核」植入真珠貝內，成功開發出圓形真珠之際，[3] 日本也正迎接日俄戰爭的勝利果實，開啟了富國強兵、殖產興業的帝國主義路線，養殖真珠也成為日本的重要產業。

在地理位置上，神戸與三重、四國、九州等養殖真珠的產地距離不遠，更重要的是，神户北面六甲山、南臨瀨户內海，從六甲山反射出的穩定自然光線可以避免篩選真珠時產生的色差問題，提供了真珠業者良好的真珠加工作業場所，另一方面，由瀨户內海的海水反射光線可以讓真珠光澤更為鮮豔，故舉行「入札會」（競標）時，業者打開向南的窗户就能提高交易成功率。因此，結合了優良自然環境與聚集外國商人的神户，成為適合真珠加工與出口的集散地。

1 ミキモト株式会社，《御木本真珠発明一〇〇年史》（東京：同社，一九九四），頁二七、五五。

2 真珠新聞社著作制作，《真珠産業史：真円真珠発明一〇〇年記念》（東京：日本真珠振興会，二〇〇七），頁一七—一八。

3 乙竹宏，〈養殖真珠の発展過程（一）〉，《宝石学会誌》三卷一號（一九七六），頁一四；日本真珠輸出組合編，《真珠の歩み》（神戸：日本真珠輸出組合，一九六四），頁二；松井佳一，〈養殖真珠とその研究〉，《水産界》七八九號（一九五〇年一月），頁一〇—一一。

圖1　三重縣鳥羽市伊勢灣御木本真珠島，許瓊丰提供。

圖2　御木本真珠島之御木本幸吉銅像，許瓊丰提供。

神戶華僑與台灣人組織的此消彼長

神户也聚集了從中國移民過來的華僑，他們以同鄉網絡為基礎，組成幫會公所等團體，形成商肆連綿的中華街，也設立了華僑學校與關帝廟。一八九三年，華僑更打破幫派界線，創立了「神阪中華會館」，形成神户華僑社會的初步規模。一八九五年日本統治台灣後，台灣人開始赴日求學與經商，留學生多前往東京就讀，相較於此，神户位處台灣總督府指定的第一條命令航線「神户—基隆」的門户，許多台灣人經由神户進入日本，逐漸聚集了台灣商人，形成與東京非常不同的人口結構。

日治時期在神户經商的台灣人並非與華僑社會毫無聯繫，由於清代到台灣移墾的多為福建人，在此關連下，有不少台灣商人加入神户的「福建公所」。一九三七年發生「盧溝橋事變」，中日戰爭全面爆發，身處「敵國」的日本華僑陷入艱苦的環境中，許多人因此返回中國，旅居日本的華僑人數大幅降低。戰爭中，華僑結構的改變，加上第二次世界大戰結束後，台灣人不僅脫離了日本臣民的身分，也因熟悉日語的語言優勢，而躍升成為神户當地華僑社會的主力，並著手參與重建戰爭中受創的商貿活動，其中有部分台灣人敏銳嗅出商機，以自身優勢投入日本的真珠產業。

神戶台灣人的新時代

二戰前，確立養殖眞珠的基礎

真珠自古以來一直都是富裕人家配戴的重要飾品，在世局承平時更是愛美人士競相購買的奢侈品。二戰前，御木本幸吉建立了真珠養殖漁場，確立真珠加工與銷售的經營規模，並成功地區隔天然真珠，為養殖真珠奠定基礎，也帶動了日本養殖真珠產業的發展。戰前，一九三〇年代是日本養殖真珠最興盛時期，主要出口到歐美國家，一九三八年歐洲大戰爆發後轉為美國市場。以一九三八年的出口為例，出口總金額五百一十二萬日圓中，美國占兩百萬日圓，居第一位，其次是歐洲一百三十萬日圓，接著是印度一百萬日圓，台灣五十萬日圓位居第四位。[4]不過，整體而言，太平洋戰爭前才是養殖真珠最興盛的時期，年產近三千貫，約一萬一千兩百五十公斤（一貫＝三・七五公斤）。[5]

戰後台灣人身分轉變與活躍於眞珠貿易

養殖真珠發展日益興盛之際，台灣也與之產生連結。清代台灣時，真珠既為婦女珠寶飾品之用，亦為漢方藥材之一，據說最早為台南珠寶商許固、學氏兩名商人從上海購入阿拉伯天然真珠，帶回台南販賣；進入日治時期，台南珠寶商人轉而購入日本養殖真珠，並加工製成髮簪，於是聚集於神户。[6]被譽為台灣「真珠大王」的鄭旺約十七、八歲時赴日，爾後設立鄭旺真珠會社，成為首位經營真珠事業的台灣商人，在成功與「高島真珠」展開交易後，也與大月菊男、山本勝等日本重要真珠商人發展了良好關係。[7]此外，大約在一九四二年，台灣人組織了專門經營「天然真珠」與「藥用真珠」這類細粒真珠出口的「日本天然真珠株式會社」，由鄭旺擔任社長，可見他已

4 真珠新聞社著作制作，《真珠産業史：真円真珠発明一〇〇年記念》，頁三七。

5 関未代策，〈三重県における養殖真珠事業〉，《商工金融》六卷十號（一九五六年十月），頁一七。

6 二〇一二年七月二十五日訪問戰後神户真珠商人王震麗先生；神戸真珠物語制作委員会，《神戸真珠物語》（神户：ジュンク堂書店，二〇〇九），頁三〇─三一。

7 田崎真珠株式会社，《田崎真珠の二十五年》（神户：同社，一九八〇），頁五─八；二〇一二年七月二十日訪問戰後神户真珠商人王淑媛女士；二〇一二年七月二十五日訪問戰後神户真珠商人鄒先生。

居於台灣真珠商人的領導地位。[8] 然而，受到戰爭影響，一九四三年真珠的出口貿易即完全中斷。

雖然日治時期即有台灣人經營真珠，但台灣人真正活躍於養殖真珠貿易，應該是二戰結束後才開始，此與戰後台灣人身分轉變有關。從一九四五年到一九五二年，以美軍為主的盟軍最高司令官總司令部（General Headquarters）進駐日本，簡稱GHQ占領時期。此時居住在日本的台灣人因台灣回歸中華民國統治而成為戰勝國國民，只要向駐外單位申請「華僑登記證」就可取得華僑身分，並能以戰勝國國民身分享有法律與配給物資等方面的權益。然而，從GHQ占領初期發布的法令中，可看到在日台灣人與在日朝鮮人原則上是「解放人民」，但必要時也視為敵國人這樣的記載，顯見法律地位模糊未定的態勢。因此日本政府主張，在締結和平條約之前不承認在日台灣人的新身分，而給了「第三國人」這個具有貶意的稱呼，仍想繼續擁有其治安管轄權。直到一九四六年七月十九日，發生日本警察取締在澀谷黑市擺攤的台灣人時引發衝突的「澀谷事件」[9]，而凸顯出問題的嚴重性，翌年一九四七年二月，獲GHQ許可，凡登錄為華僑的台灣人在刑事裁判權方面可得到與華僑相同的待遇，另一方面，日本仍堅持在締結和平條約之前台灣人仍不具有中國籍身分。

GHQ占領日本後，隨即對日本進行管制並展開各項改革，並依據一九四五年九月二十三日公布的〈美國對日本投降後初期政策〉之「占領下的對日貿易方針」項目，全面管理對外貿易。[10]在日本國內，除零售店（小売店）將庫存的真珠向GHQ報告後可以進行小額買賣外，另外只有GHQ指定的商社，能與美軍中央購買局（CPO）簽訂買賣合同。因緣際會下，GHQ美軍官兵將大量真珠帶回美國後受到歡迎，促使對美出口需求的急速成長。[11]更在一九四八年八月開放民間貿易後，出口金額從一九四八年的一億日圓，到一九五〇年急速攀升至十五億日圓。[12]

此後養殖真珠開始興盛發展，並維持至一九六〇年代中期。根據「日本開發銀行」調查顯示，一九五七年度由國籍別顯示的商社數量來看以日本最多，其次，分別為美國、中國（筆者註：應為台灣）、印度等國，但若由出口商品的平均單價來看，則為中

8 真珠新聞社著作制作，《真珠産業史：真円真珠発明一〇〇年記念》，頁五八。
9 有關澀谷事件概況，可參考何義麟，〈澀谷事件的史蹟〉，《臺灣學通訊》一〇二期（二〇一七年十一月十日），頁二六—二七。
10 日本真珠輸出組合編，《真珠の歩み》，頁三一。
11 真珠新聞社著作制作，《真珠産業史：真円真珠発明一〇〇年記念》，頁六二。
12 日本真珠輸出組合，《真珠の歩み》，頁四六二。

圖 3　御木本真珠島真珠博物館所展示的真珠尺寸篩選工具，許瓊丰提供。

圖 4　在台上將真珠串成一條串鍊的通系連，攝於御木本真珠島真珠博物館，許瓊丰提供。

國（推測原資料應指包含台灣）每一匁（三．七五克）三．三一美元最高，義大利每一匁三．一二美元次之，印度每一匁一．二一美元最低。這是因為台灣與義大利以經營高級品為主，而印度因自古偏好細粒真珠，屬較低價商品，故產生了區別。[13] 真珠產業是包括從製核（將ドブ貝〔河蚌，water mussel shell〕磨成小珠後，插入真珠母貝體內）、養殖、加工到出口的階段，台灣人則以真珠加工至半成品真珠串鍊的「通系連」作業[14] 及出口貿易為主。

日趨壯大的神戶眞珠台南幫

表1依據一九六六年度《真珠年鑑》創刊版，以及訪談多位業者後所整理出來的「戰前至一九六六年的神戶台灣真珠商人名錄」。

13 日本開発銀行調査部編，《真珠事業の概況》（東京：同部，一九五九年九月），頁四〇。

14 通系連（Stand）是指以絲線穿過中間開洞的散珠，組成一條真珠串鍊，因尚未做鏈扣完成最後程序，是為半成品。參考自神户真珠檢查所編，《CULTURED PEARLS》（神户：同所，一九五六），頁一五。

劉沐榮	台南	—
王廷科	高雄	—
薛元德	高雄	—
王震麗	高雄	日信貿易（株）
王廷義	高雄	瑞光貿易（株）
李通坐	高雄	—
王登祿	高雄	登祿貿易（株）
王繼德	台中	大成貿易（株）
郭鍊璋	台中	天成眞珠商會
郭鍊枝	台中	日源眞珠商會
王記	台中	振興實業社長
范來傳	—	（合）瑞光祥行
蔡明元	—	—
王克莊	台中	振興實業專務
鄭壽峰	—	鄭旺眞珠專務
呂壱妹	—	光明貿易常務
呂濚淋	—	光明貿易主任

資料來源：本表以1966年度《眞珠年鑑（版）》爲主，再參考1968年度版本製作而成。加藤鉄彦編集，《眞珠年鑑（1966年版）》（東京：眞珠新聞社，1966年4月），頁345-456；加藤鉄彦編集，《眞珠年鑑（1968年版）》（東京：眞珠新聞社，1968年6月），頁554、557；及2012年7月31日訪談戰後神户眞珠商人林英隆先生整理而成。

說明：1）「—」爲不明。

2）柳春彦爲戰前台灣眞珠商人。林英隆先生提供（2012年7月31日訪問）。

3）台灣眞珠商人發展眞珠事業的時間分段點與出身地爲林英隆先生提供（2012年7月31日訪問）。葉水永的出身地爲後代子孫提供（2013年2月5日）

4）資料中亦有將王廷義、王廷科兩人名字寫爲王延義、王延科，此應爲誤載。

表1　戰前至1966年的神戶台灣眞珠商人名錄

戰前		
姓名	出身地	會社（職稱）
黃能	台南	黃能眞珠（株）社長
鄭旺	台南	鄭旺眞珠（有）社長
王紹興	台南	明信眞珠（株）社長
劉奎秀	台南	泰富パール
林萬得	台南	林パール（株）社長
鄭水木	台南	水木商事社長
柳春彥	台南	柳パール公芸（有）
葉水永	台南	葉パール・カンパニー
薛石柱	高雄	光珠洋行社長
李通壽	高雄	寿パール商會
呂朝祥	—	光明貿易（株）社長
戰後		
姓名	出身地	會社（職稱）
郭正喜	台南	マサキ眞珠商會
陳祥雲	台南	永光貿易（有）
蔡恒安	台南	遠東貿易公司
吳萬生	台南	恭榮眞珠（有）
鄒明道	台南	東亞眞珠代表取締役
李原壽	台南	—
鄭添根	台南	本社：德和眞珠（東京）代表取締役 神戶設事務所
陳士嚴	台南	—
陳清連	台南	—

由表1得知，從事養殖真珠加工與出口的台灣人，多來自台南及高雄，居住神戶的台灣人就將這群真珠商人稱為「台南幫」。以血緣、地緣、業緣關係組成幫群是華僑社會的特徵，戰前神戶華僑社會主要有廣東幫、福建幫、三江幫（浙江、江蘇、江西），及大阪的北幫（山東等北方省籍），戰後「台灣幫」成為第五順位，此時又有獨特的「台南幫」出現，饒富趣味。

台南幫的形成依其背景可分為以下幾種類型：首先是親族關係，例如戰前來到神戶的鄭旺設立鄭旺真珠會社，之後弟弟鄭水木與鄭添根也來到日本，前者在神戶開設水木商事、後者在東京開設德和真珠並在神戶設立事務所；而鄭壽峰則是鄭旺的長子，在鄭旺真珠會社任專務。其次，是因朋友相互介紹而轉進此行，例如一九二一年高雄出生的A先生，公學校畢業後，二戰期間以軍屬身分至南洋參戰，戰後先至橫濱日本人機械工廠工作，一九五〇年代初期在朋友邀約下，轉至神戶從事真珠事業。又如，約一九一八年出生於高雄富裕家庭的B先生，戰前在東京求學，每逢寒暑假即到神戶遊玩，進而了解真珠事業的發展潛力，戰後也在朋友邀約下展開真珠事業。另外，真珠商人C先生的祖父，戰後靠走私累積資金，先在九州開設彈珠房，之後改經營一所綜合醫院，卻以失敗告終，後因聽聞神戶台灣人經營真珠貿易，興盛繁榮，一九六〇年左右，也轉至神戶發展真珠事業。

以上四例說明地緣關係是台南幫的基本構成，也表現了它的集團性。日本在一九六〇年代規定，出口真珠的會社必須加入「日本真珠輸出組合」，申請時須有兩名擔保人，因台南幫只願意為同鄉擔保，因此真珠會社自然僅限於台南幫的成員。此外，由華僑社會的「鄉幫」發展而出的關係，也只有台南幫成員有資格參加入札會或交換會，向養殖業者收購真珠或成為加工業者，只有這樣才被認定是台灣真珠商人，其餘從事輸入珠核及真珠買賣的零售商皆無法列入。就這樣，經歷戰後的輾轉變遷，神户台灣真珠商人搭上了日本養殖真珠的潮流並迅速發展，開啟了戰後在日台灣人的新時代。

戰後台灣真珠商人與神戶

戰後GHQ著手整理養殖真珠產業，一九四八年開放民間貿易，接著一九四九年公布新漁業法。相關業者在東京、神户、三重等地分別組織養殖、入扎會、交換會等相關團體，養殖真珠的產業環境整體發生了改變。相較於戰前台灣是日本養殖真珠的主要出口地區之一，戰後台灣已非主要貿易對象，因此神户的台灣真珠商人，改與日本商人同樣，轉為對歐美貿易。

台南幫的政商實力與運作

關於神户的台灣真珠商人團體方面，一九四九年先組織了「關西真珠俱樂部」，鄭旺為主要發起人之一，接著一九五〇年，鄭旺又與山本勝、大月菊男等大規模真珠會社共同成立「關西真珠協同組合」。約莫此時，神户真珠業者也有了建設「日本真珠會館」的共識，一九五一年成立「日本真珠會館設立委員會」正式展開討論，鄭旺為委員之一，翌年一九五二年十一月「日本真珠會館」完

圖 5　日本真珠會館，因建築物老舊，於2023年11月進行拆除作業。今兵庫縣神戸市中央區東町，許瓊丰提供。

表2　1949-1963年神戶的台灣眞珠商人參與團體情形

時間 年	時間 月	組　織	參與人
1949	5	關西眞珠倶樂部	鄭旺
	10	日本眞珠振興會	鄭旺
		東洋眞珠協同組合	鄭旺
1950	5	株式會社關西眞珠倶樂部	鄭旺
	8	關西眞珠協同組合	鄭旺、葉水永
1951	4	日本眞珠會館設立委員會	鄭旺
	10	協同組合眞友會	鄭旺
1952	8	眞珠輸出檢查制度反對同盟	鄭旺、薛石柱、葉水永
	10	眞珠輸出檢查制度改正請願同盟	鄭旺、薛石柱、葉水永
	11	眞珠養殖事業審議會	鄭旺、葉水永
	12	日本眞珠振興株式會社	關西眞珠協同組合與協同組合眞友會的所有役員皆爲發起人
1953	4	國立眞珠研究所之建設基金	鄭旺捐款180,716日圓
1954	2	協同組合眞榮會	鄭旺
	3	日本眞珠輸出組合	鄭旺、葉水永、薛石柱
	11	日本眞珠養殖事業對策委員會	鄭旺
	11	日本眞珠輸出加工協同組合	鄭旺
1956	3	標準規格制定實行委員會	鄭旺、葉水永
	7	社團法人日本眞珠振興會	
1957	7	粗惡眞珠買取評價委員會 *實施期間：1957年7月1日至1958年3月31日	鄭旺、葉水永、柳春彥
1961	5	入札会運営委員会	鄭添根
1963	9	日本眞珠仲買協同組合	鄭水木、蔡明元

資料來源：日本眞珠輸出組合，《眞珠の歩み》，頁213-1014。
說　　明：本表台灣人擔任「日本眞珠仲買協同組合」理事，是依據《眞珠年鑑》（1966年版）。參考加藤鉄彥編集，《眞珠年鑑》（1966年版）（東京：眞珠新聞社，1966年4月），頁414。

成興建，成為神戶買賣真珠的交易中心。[15] 在GHQ占領期間，日本真珠商人努力恢復戰前真珠產業榮景之時，推測鄭旺以戰勝國國民身分參與其中，展現了台灣真珠商人的重要性。

自GHQ著手整理日本養殖真珠產業，真珠業者彼此頻繁聯繫，除向日本政府提出種種振興產業的要求，也共組團體謀求更健全的發展，其中可見到參與其中的台灣人，先有鄭旺、葉水永、薛石柱三人，其後有鄭添根、鄭水木、蔡明元等人。

表2，說明了一九四九—一九六三年期間，神户的台灣真珠商人參與各項團體的情形。受限於資料以及一九六三年養殖真珠開始進入不景氣時期的背景，故本表僅整理至一九六三年。[16]

神户台灣真珠商人的重要性究竟如何？前面提到台灣真珠商人主要從事真珠加工與出口貿易，但這裡以鄭旺與王震麗兩人說明特殊之處。首先，在一九六六年度《真珠年鑑》中，看到「鄭旺真珠會社」同時加入三重縣志摩郡「神明真珠養殖漁協」與「立神真珠養殖漁協」兩個組合，證實了台灣人有參與養殖真珠的事實。[17] 其次，戰後日本在海外的大型貝類真珠養殖，採技術不公開、採收後全數運回日本，以及銷售權屬於日本的原則。[18] 但高雄人王震麗開設的「日信パール株式會社」（日信真珠株式會社），一九六六年在澳洲昆士蘭州的Albany島養殖「白蝶真珠」，其後還擔任「日本海外真珠輸出水產業組合」理事。[19] 由於日本對海外真珠養殖的規定非常嚴格，養殖業者還需具備經驗、信用與財力等資格，台灣人得以發展，足見其在日本官民兩方的人脈與實力。

以「眞珠公寓」爲情報基地

養殖真珠產業是短時間即能獲取巨額利潤的產業，台灣真珠商人在一九五〇年代結成「台南

15 日本真珠輸出組合，《真珠の歩み》，頁二三二—二三五。
16 乙竹宏，〈養殖真珠の発展過程・一〉，頁一四。
17 加藤鉄彦編集，《真珠年鑑（一九六六年版）》，頁三五二—三五五。
18 水産庁漁政部，《真珠産業の現況と将来への方向》（東京：水産庁漁業振興課，一九六六），頁六四。
19 水産庁漁政部，《真珠産業の現況と将来への方向》，頁六九—七〇。加藤鉄彦編集，《真珠年鑑（一九六八年版）》（東京：真珠新聞社，一九六八年六月），頁一五七、五六五。

圖6 位於中山手大道的真珠公寓，許瓊丰提供。

幫」之後，時常相約聚會聯誼，互相交換情報。一九五四年，李通壽、王廷義、鄭旺、郭鍊璋等人成立「神户華僑真珠倶樂部」，一九六三年再改組為「神戸真珠クラブ協同組合」（神户真珠俱樂部協同組合），會員約有四十名，至一九七一年每人約出資一百五十萬日圓，在中山手通（中山手大道）購入土地並興建「真珠公寓」（パールコーポラス）銷售，其中，二樓則是會員交流的空間。[20]

日久他鄉是故鄉：關帝廟與台灣同鄉會

戰前，神户的台灣人在僑居地辛苦打拼，與這片土地產生了情感的牽絆，二戰結束後，多數台灣人也融入神户華僑社會，與華僑一起重建被戰爭摧毀的家園。

對於生活在異鄉的台灣人來說，宗教信仰無疑是僑民的心靈寄託所在，因此有僑民的地方往往就有保佑平安與商業繁盛的關帝廟。神户「關帝廟」位於中央區中山手通七丁目，對面為福建會館，此處離熱鬧的市中心有一段距離，關帝廟就隱身在地鐵與阪急電車出口往山側方向的住宅區中。關帝廟的山門上方匾額為書法家于右任的題字，進入山門後映入眼簾的是一條筆直的通道，穿過中門至正殿，裡面供俸關聖大帝、天后聖母、觀音菩薩與呂祖、福德正神。廟宇屋頂鋪設黃瓦，屋脊正中央有兩條青龍，正殿左側有涼亭「清心亭」，右側豎立《創修中華會館記》石碑，娓娓道出關帝廟與華僑之間的關係。

一九四五年六月五日，「關帝廟」遭遇美軍空襲致廟宇全毀，爾後台灣人捐贈一百六十坪土地做為重建基地，並與華僑合力募資，一九四八年陸續完成本殿、禮堂、房舍與涼亭的興建，關聖帝君神像

圖7 神戶關帝廟，許瓊丰提供。

20 神戶真珠物語制作委員会，《神戸真珠物語》，頁三三、三六—三七；二〇一二年七月二十六日訪問戰後神戶真珠商人葉土水先生。

則在一九五三年由台灣奉迎來到。[21] 重建的關帝廟是當地華僑舉行葬禮、慰靈祭與普渡等祭典的場所，一九六二年又由兩百六十九名華僑捐款五千三百七十三萬日圓增建禮堂，從捐款芳名錄可知約有二十三名台灣真珠商人，如再對照一九六六年時約有三十六名真珠商人來看，可見其所占之重要性。[22]

台日斷交帶來的衝擊

一九七二年九月，日本與中華人民共和國建交，帶給神戶當地逾五千名台灣人莫大衝擊。二戰結束後，在日台灣人即被捲入國共對立局勢中，雖在舊金山和約簽訂後，在日台灣人可以正式脫離日本國籍，取得中華民國籍並能長期居留日本，卻因不能取得日本「永住權」，而無法享有提升法律與社會福利的保障。因此，台日斷交後，在日台灣人擔心失去法律保障，紛紛申請歸化日本國籍，[23] 就在這種危機感中，決定組成台灣同鄉會，目的在增進會員之間的親睦與經濟發展，並提升生活與文化、經濟交流，來促進會員的共同福祉。若翻閱一九七三年《兵庫縣台灣同鄉會會報》創刊號，可看到會長徐燦生寫著，因國際局勢急劇變化，台灣出身的華僑就像迷途羔羊，陷入不安與焦慮中，因而有了組織台灣同鄉會的動機。[24] 從這裡可以了解在日台灣人對成立台灣同鄉會的迫切期待。

「兵庫縣台灣同鄉會」創立於一九七三年一月二十八日，創立大會上可見到郭鍊璋、李通壽等真珠商人都是主要發起人之一。孔囊得、陳瑞麟、王克莊、郭正喜、鄭水木、潘宜生等真珠商人擔任第一屆幹部，這是戰後華僑團體中，首次有台灣真珠商人活動的記錄。[25]

台灣同鄉會成立後，也積極協助神戶當地的華僑機構。例如：一九七三年，華僑子弟的教育機構「神戶中華同文學校」，因學校財務困難進行募款運動，雖然當時中華民國政府視該校為傾向中國的「匪」校，但至該年底募得約兩千四百六十萬日圓的款項

---

21 張玉玲，《華僑文化の創出とアイデンティティ—中華学校・獅子舞・関帝廟・歴史博物館》（名古屋：株式会社ユニテ，二〇〇八），頁一二一、一三〇。

22 二〇一二年八月十六日訪問戰後神戶真珠商人孔囊得先生；「民國五拾壹年關帝廟重建禮堂喜捨芳名錄」，目前懸掛於關帝廟禮堂內，二〇一二年八月二十一日參訪、拍攝。

23 何義麟，《戰後在日台灣人的處境與認同》（台北：五南出版社，二〇一五），頁一二、一六四—一八七。

24 徐燦生，〈会報の創刊を祝して〉，《兵庫縣台湾同鄉會會報》創刊號（一九七三年九月），頁一。

25 日本神户華僑歴史博物館藏，「兵庫県台湾同郷会発起人会」，〈陳德仁コレクション〉，文書編號一—三—一〇。徐燦生，〈会報の創刊を祝して〉，頁九。

中，台灣關係者捐款達七百萬日圓，是捐款最多的團體。此應與台灣同鄉會有關。[26]此外，一九七七年關帝廟本堂不幸遭遇祝融，於是組成關帝廟本堂復興委員會籌組修建工程，另方面，台灣同鄉會也向會員募款兩千多萬日圓進行禮堂擴建，以此做為創會六周年的紀念事業之一。[27]

戰後神户台灣真珠商人的創業，雖是純粹在日本興起並發展的一種特殊商貿活動，但基於族群認同與家鄉情感，積極參與華僑社會的各種活動。不僅如此，鄭旺自一九六三年六月—一九七一年六月擔任「中華民國留日神户華僑總會」會長，成為當地僑領，扮演中華民國政府與神户華僑社會之間的橋樑。雖然在當時國共對立環境下，亦有台灣真珠商人私下支持台獨運動的說法，無論如何，在這個日本養殖真珠產業的重要都市中，台灣真珠商人在事業上專注於真珠加工與出口貿易，積極參與各項養殖真珠產業團體，且活躍於神户華僑社會，神戶成為他們安身立命的第二故鄉。

＊本文配合參考資料，統一使用「眞珠」一詞。本文曾刊載於〈脱離殖民統治後的在日台灣人：以戰後神户台灣眞珠商人爲中心〉，《東海大學文學院學報》五十四卷（二〇一三年十二月），頁二〇九—二五〇。此次經大幅修正、調整出版，期間承蒙戰後

神戶眞珠商人王淑媛女士、大阪大學特任研究員葉（岡野）翔太博士提供寶貴意見，謹此致謝。

26 〈会務通信〉《兵庫縣台湾同鄉會會報》第六號（一九七四年二月），頁一九。

27 徐燦生，〈関帝廟礼堂增築工事落成式を終えて〉，《兵庫縣台湾同鄉會會報》第三十六號（一九七九年一月），頁二一－三。

從黃及時與尹仲容談戰後台日貿易的重建（一九四七－一九五〇）

楊子震／南臺科技大學通識教育中心

由「帝國」到「民國」的政權轉移

一九四五年八月，日本帝國正式向同盟國陣營投降，同意接受《波茨坦宣言》（Potsdam Declaration），並於九月簽署《降服文書》（Japanese Instrument of Surrender）。至此，第二次世界大戰正式結束。亦由此時開始，日本失去獨立自主的國家地位，屈居於由美國實質主導的占領管理體制下。

美國對日本實施的占領管理初期以「非軍事化」及「民主化」為主軸，在日本政府或主動或被動的配合下，由上而下推動一連串政治、經濟、社會、文化的制度變革。至《舊金山和約》（Treaty of Peace with Japan）於一九五一年九月簽訂，一九五二年四月生效後，日本方重新恢復為主權國家。然而，與《舊金山和約》同時締結成立的《美日舊安全保障條約》（Security Treaty Between the United States and Japan）卻又在軍隊駐留、基地使用、內亂介入等項目上，確定日本對美國的從屬位階。由二戰結束乃至和約締結的此一時期正是美日間霸權轉移的關鍵時刻。

另一方面，中華民國做為戰勝國的一員，以戰時的研究、訓練組織「台灣調查委員會」為基礎，成立「台灣省行政長官公署」，派員接收台灣。儘管就國際法而言，對台灣的領有權尚未發生轉移，但是在當時的台灣社會，若有對《開羅宣言》（Cairo Declaration）是否終將成真一事抱持懷疑態度者，恐怕亦是極為少數吧。然而，在中國大陸，對日抗戰勝利後不到一年，隨著國民黨及共產黨之間的摩擦衝突日益加劇，「國共內戰」於一九四六年中旬全面擴大。而到了一九四九年底，國共雙方的勝負成敗業已可謂大勢底定。所謂的「台灣主權未定論」正是於此時空背景下因應而生的。

出乎眾人意料的，在遠方的朝鮮半島，一九五〇年六月韓戰突如其然地爆發。北韓跨越北緯三十八度線，揮軍南下，勢如破竹。兵敗如山倒的南韓在獲得美國遣軍馳援，並以聯合國的名義糾集西方陣營諸國支持協助下，勉強於東南一隅吃力苦撐。在仁川登陸作戰成功後，聯軍展開反攻，翻轉北上，甚至兵進平壤。惟又引起中華人民共和國以「人民義勇軍」的名義派兵介入。而退轉至台灣的國民黨政權正因此東亞局勢劇變，得以憑藉海峽天塹暫且與中共維持對峙態勢。事實上，就東亞諸國而言，此時期的持續動盪不安亦意味著國際秩序重整的過程。

在以上諸樣衝擊劇烈的世局變化下，台灣此一島嶼面臨了統治者由「帝國」轉變為「民國」的政權轉換。政治上，儘管中華民國業已在名義上進入了「憲政」，但在實際上的台灣，往昔以「訓政」為名的黨國體制依舊健在。然而，失去中國大陸，有效統治的範圍僅限於台灣及周邊若干島嶼的中華民國在經濟上非常需要日本的市場、資金以及技術。[1]

中華民國政府在國共內戰中，因戰局失利而轉移至台灣後，與代表同盟國占領並管制日本的駐日盟軍總司令部GHQ（General Headquarters）間，於一九五〇年九月六日簽署了由三份文件所構成的「通商協定」。儘管該項「通商協定」在性質上實屬臨時措施，但意味著台灣與日本間結束了「殖民地—帝國」的隸屬關係後，在制度上先由互通有無著手，重新開啟彼此的交流往來。[2]

關於第二次世界大戰後的台日貿易重建，業已存有若干重要先行研究。首先，陳思宇考究生產事業管理委員會，認為台日貿易實為戰後台灣公營事業體制的關鍵環節，深切影響體制能否順利運作。其次，廖鴻綺利用典藏於台灣的檔案史料，就「通商協定」交涉期間的爭執點加以考察。接著，徐浤馨依據日本外交史料及相關文獻，論證「通商協定」可謂戰後中華民國及日本間關係的起點。此外，川島真指出：若從戰後日本和亞洲各國的整體關係加以檢視，無論是戰時的敵對國或是過去的殖民地，日本往往先以較彈性的方式建立實質經貿關係，之後再尋求政治外交關係的構築。而此方式的原型可溯源至由「通商協定」締結起始的台日／華日關係。[3]

本文承接前述的先行研究成果，聚焦於「台北市進出口商同業公會」理事長——黃及時，以及「通商協定」締結當時的經濟部顧問——尹仲容，透過追溯這兩位商業菁英故事，探討在戰後初期一九四七—一九五〇年期間，台日貿易重啟過程中，兩人所扮演的角色。而為把握當時從事貿易工作的實務人員及專家的見解，本文除了利用台灣及日本出版的貿易相關刊物外，亦利用典藏於台日兩地的檔案文書。

1 張國城，《國家的決斷》（台北：八旗文化，二〇一九），頁五二。

2 川島真、清水麗、松田康博、楊永明著；高村繁、黃偉修譯，〈日華關係正常化的進展：一九五〇—五七年〉，《台日關係史（一九四五—二〇二〇）》（台北：臺大出版中心，二〇二二），頁四七。

3 陳思宇，《台灣區生產事業管理委員會與經濟發展策略（一九四九—一九五三）》（台北：政治大學歷史學系，二〇〇二），頁三九八。廖鴻綺，《貿易與政治》（台北：稻鄉出版社，二〇〇五），頁一七—二九。徐浤馨，《一九五〇年代日本對中國外交政策》（台北：淡江大學出版中心，二〇一九），頁一七—一三。川島真、清水麗、松田康博、楊永明著；高村繁、黃偉修譯，〈日華關係正常化的進展：一九五〇—五七年〉，《台日關係史（一九四五—二〇二〇）》（台北：臺大出版中心，二〇二二），頁四九。

黃及時：活躍於日本帝國經濟圈的台籍知識菁英

關於日治時期台灣人的海外活動，業已有許多研究成果。有學者聚焦於「台灣籍民」（主要指居住於中國大陸或東南亞，在日本帝國的外交保護下開展經濟活動的台灣人），或是聚焦於在中國從事抗日活動的台灣人（例如由李友邦領導的「台灣義勇隊」）。又如，出身於殖民地台灣，經歷日本留學後，至中國追尋夢想的電影工作者，其跨越境界的足跡獲得了循線勾勒。[4] 曾活躍於滿州國等對日協力政權的官僚或技術人員，其存在學界亦開始有所關注。[5] 同樣隸屬於日本帝國統治下的朝鮮半島，也有台灣人或為求學而跨海前往。[6] 東南亞地區，亦有台灣人基於各式各樣的考量而渡洋進出。[7] 於此，本文想介紹一位較少獲得注目，活躍於經濟領域的台灣人。

黃及時（一九〇二—一九七一年）出生於台灣，台灣總督府評議員黃純青的次男。兄長為黃逢時，弟輩則有黃得時、黃當時。特別是黃得時，其在日治時期參與《文藝台灣》的編輯工作，並於戰後任教台灣大學，對戰後台灣文學史的相關議題探討留下不可忽視的影響。[8]

黃及時由國語學校附屬公學校實業科畢業後，赴日留學。一九二一年自群馬縣立高崎中學校畢業後，進入東京商科大學（現一橋大學）予科就讀。繼而於一九二四年進入同大學本科。隔年，接受「日蘭（意指日本與荷蘭）通交調查會」的委託，研究印尼的經濟情形，並進行了兩個月的現地調查。[9]

大學在學期間及畢業以後，黃及時曾就經濟議題，投稿若干論文至日本的雜誌。目前確認存在的黃及時論文有：〈台湾に対する和蘭の植民政策〉《東洋》第二十八卷第七・八號（一九二八年）、〈台湾の産米増殖計画〉《企業と社会》第十一號（一九二七年）、〈国際経済会議と関税問題〉《企業と社会》第十四號（一九二七

4 例如：三澤真美惠（李文卿、許時嘉譯），《在帝國與祖國的夾縫間：日治時期台灣電影人的交涉與跨境》（台北：臺大出版中心，二〇一二）等。

5 例如：許雪姬編，《日治時期臺灣人在滿洲的生活經驗》（台北：中央研究院臺灣史研究所，二〇一四）等。

6 例如：陳姃湲，〈放眼帝國、伺機而動：在朝鮮學醫的臺灣人〉，《臺灣史研究》第十九卷第一期（二〇一二），頁八七—一三九。

7 例如：鍾淑敏，《日治時期在南洋的臺灣人》（台北：中央研究院臺灣史研究所，二〇二〇）等。

8 許雪姬編，《臺灣歷史辭典》（台北：文建會，二〇〇四），頁九三〇。

9 臺灣新民報社編，《台灣人士鑑（昭和十二年版）》（湘南堂書店，一九八六年復刻，一九三七年初出），頁一一三。

年）等。另外，《臺灣民報》亦曾刊登其論考記事數則。[10]而根據高淑媛的研究，刊載於《臺灣民報》的黃及時署名記事，有：〈台湾の工業化と其経済的障礙（一）（二）〉（一九二八年十一月十、十八日）、〈台湾工業化問題〉（一九二九年一月八日）、〈台湾経済史の特異性と其発展階段〉（一九三〇年十月二十五日）。[11]此外，儘管真實與否尚有待更多史料加以確認，黃及時負笈東瀛期間，似曾參加過旅居東京台灣人的團體「新民會」。綜合以上，黃在日本留學期間，不但習得專業的經濟知識，並學以致用，進而進入日本本土及台灣島內的言論空間。[12]

黃及時於一九二七年完成東京商科大學的學業後，進入「三菱商事」就職。首先，配屬於三菱商事「本店」會計部門，接續轉調「高雄支店」（一九三〇年）及「台北支店」（一九三三年）。一九三五年，就任「台北支店」總務會計負責人，或可視為開始具備幹部身分。[13]黃及時繼而於一九三九年被調派至中國，先是擔任「天津支店」的負責人代理兼任會計主任，[14]到了第二次世界大戰終了時，他已成為「北京支店」會計業務的負責人。[15]以上看來，黃及時確實是跨越日本、台灣、中國，並活躍於其間的經濟專業人才。

過往關於「台灣籍民」的研究，多半將在中國大陸的台灣人描述為濫用日本國籍特權的不法分子，儘管確有其事，但至少以商社人員身分派至中國的黃及時，並不屬於此類事例。然而，黃及時之所以能夠「越境」，不僅是與三菱商事開展其商業活動有關，追根究底，乃基於日本帝國擴大其經濟圈至中國而起。

兩次大戰期間，日本在經貿上的快速開展，仰賴於與殖民地之間的商業往來。一九一八年設立的三菱商事，於一九二四年以「香港支店基隆出張員」的名義派遣人員進入台灣，著手台灣市場的進出準備。接著於一九二七年，在基隆和高雄設立「出張所」，正式展開台灣的事業經營。三菱商事在台灣設立據點的目的是，想將台灣的煤炭輸往香港，以及將日本的肥料銷往台灣。然而，因為台灣煤炭的交易市場低迷，三菱逐

10 楊肇嘉，《楊肇嘉回憶録》（台北：三民書局，二〇〇四），頁四二五。

11 高淑媛，《台灣近代產業的建立：日治時期台灣工業與政策分析》（台南：成功大學歷史系未公刊博士論文，二〇〇三）。

12 關於同時期台灣人至日本本土留學的背景及概況，可參考：紀旭峰，《大正期台湾人の「日本留学」研究》（東京：龍溪書舍，二〇一二）。

13 臺灣新民報社編，《台灣人士鑑（昭和十二年版）》（湘南堂書店，一九八六年復刻，一九三七年初出），頁一二三。

14 興南新聞社編，《台灣人士鑑（昭和十八年版）》（湘南堂書店，一九八六年復刻，一九四三年初出），頁一五〇—一五一。

15 中國實業出版社編輯委員會編，《自由中國實業名人傳》（台北：中國實業，一九五三），頁一三〇。

漸將重心轉移到台灣的米穀與肥料事業。[16]

一九三七年中日戰爭爆發後，三菱商事接受日本軍方的指令，在占領地區負責經濟組織的運作，進而擴充了華北及華中的營運據點，[17] 也進行工廠接收的斡旋，以及對國策企業提供融資。[18] 有趣的是，黃及時進入三菱商事以及他受派至台灣的時間，正好與三菱商事進出台灣的時期相互重疊，日後他更伴隨著三菱商事的事業展開，以帝國臣民的身分至中國活動。

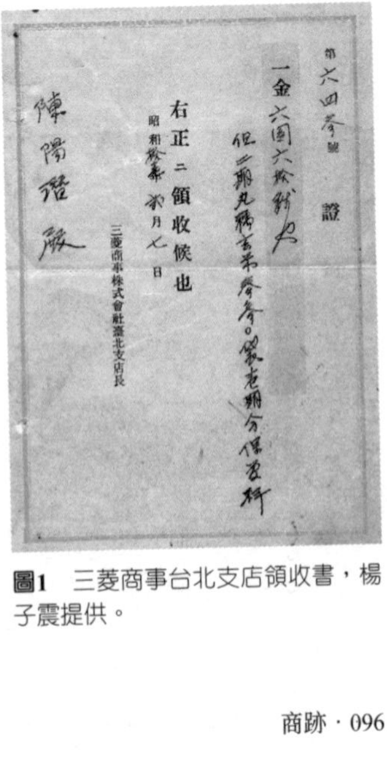

圖1 三菱商事台北支店領收書，楊子震提供。

二戰後兩岸貿易關係的形成與分斷

第二次世界大戰結束後，國府於一九四五年八月底任命原「台灣調查委員會」主任委員的陳儀為「台灣省行政長官兼警備總司令」，十月於台北設置前進指揮所，著手對台接收。十月二十五日，「台灣總督府兼台灣軍指揮官」安藤利吉，從陳儀手中領受了移管命令文書，將台灣與澎湖群島的行政及軍事權限移交國民政府。[19]行政長官公署接收在台灣的日本貿易商業部門，成立「台灣省貿易公司」，再於一九四六年二月改制為「台灣省貿易局」。

針對台灣貨物的進出口，台灣省貿易局的管理統制著重於中國大陸與台灣之間的物資交換及配給販賣，台灣不足的物資，經由以物易物或統籌採購的方式，由中國大陸輸出入的同時，也將台灣物資運往中國大陸，委由其他的公私營企業販賣。另外，隨著航運路線的恢復，官方主導的物資買賣之外，一般的民間商人亦漸次參與台灣對外的商業

16 谷ケ城秀吉，〈「帝国」内市場における総合商社の活動と競争構造〉，老川慶喜編，《植民地台湾の経済と社会》（東京：日本経済評論社，二〇一一），頁一四一－一八〇。

17 三菱商事株式会社総務部社史担当，《三菱商事五十年史　一九五四－二〇〇四年》（東京：同社，二〇〇八），頁四七。

18 三島康雄編，《日本財閥経営史　三菱財閥》（東京：日本経済新聞社、一九八一），頁三〇〇。

19 國史館，〈中山堂受降檔案分析〉，《國史館館訊》第五期（二〇一〇），頁一五八－一六三。

買賣活動。[20] 台灣對外商業買賣的交易對象，由過去的日本轉變為以上海為代表的中國工商業發達地區，一方面輸出入米糖等農產品，另一方面輸出入以日常用品為主的工業製品。[21] 戰後初期的台灣在脫離日本經濟圈的同時，順勢與中國經濟圈產生聯繫。

然而，根據湊照宏、加島潤的研究，當時的兩岸貿易受限於中國大陸與台灣的產業構造，儘管有互補關係，亦存在著無法充分滿足的面向。關於輸出方面，儘管上海是台灣砂糖的主要市場，但就規模而言，未能取代戰前的日本市場。而在輸入方面，台灣農業迫切需要的氮肥，並未獲得充分提供。換句話說，中國經濟圈僅能有限度地取代戰前日本帝國經濟圈的部分角色。[22]

因此，台灣省貿易局在開展中台兩岸貿易的同時，最遲於一九四六年十月，即開始檢討與日本進行物資交換的可能性。[23] 一九四七年三月，台灣開始對日本輸出砂糖。儘管是採取以物易物的形式，台日間的貿易實際上已經重新開啟。[24] 另外，台日間確有貿易必要性的主張，也浮上檯面。一九四七年六月創刊的《臺灣銀行季刊》在回顧台日間的經濟關係時，儘管強調台灣與中國大陸得享經濟共榮，亦不諱言指出，對台灣來說，機械零件與肥料等日本工業製品，確實十分重要。[25]

前述的黃及時於戰後返回台灣，設立了「中華國貨公司」，開始經營中台兩岸貿易，並成為貿易業界的中心領導人物。一九四七年六月，「台北市進出口商同業公會」成立時，黃及時就任理事長。[26]日後更被選為第一屆國民大會的台灣籍代表，[27]出席一九四八年三月於南京召開的行憲後第一屆會議。在選出蔣介石為中華民國首任總統的同一會議上，黃及時提案，希望對日講和會議亦有台灣人代表參與。[28]

20 林満紅，《台湾海峡両岸経済交流史》（東京：財團法人交流協會，一九九七），頁四一—四三。
21 劉進慶，〈ニックス的発展と新たな経済階層—民主化の政治経済的底流〉，若林正丈編，《台湾—転換期の政治と経済》（東京：田畑書店，一九八七），頁一五六。
22 湊照宏、加島潤，〈中華民国経済における上海・台湾間貿易〉，加島潤、木越義則、洪紹洋、湊照宏編，《中華民国経済と台湾：一九四五—一九四九》（東京大学社会科学研究所，二〇一二），頁五八—五九。
23 「臺灣省貿易局三十五年十月第三週工作報告」（一九四六年十月十六日），薛月順編，《臺灣省貿易局》一（台北：國史館，二〇〇一），頁九六。
24 瞿荊州，〈台灣之對日本貿易〉，台灣銀行經濟研究室編，《台灣之對外貿易》（台北：台灣銀行，一九六四），頁五二。另外，疑似由 GHQ 主導的採購，台灣鹽的日本輸入在一九四六年已經開始。〈日本を救ふ台湾の塩〉，《週刊朝日》第四十九卷第六號（一九四六），頁一〇。
25 子固，〈臺灣經濟與日本〉，《臺灣銀行季刊》創刊號（一九四七），頁一四九。
26 劉紹唐編，〈民國人物小傳一一七　黃及時〉，《傳記文學》第四十五卷第四期（一九八四），頁一四八。
27 國民大會祕書處編，《第一屆國民大會代表名録》（台北：同處，一九六一），頁一七九。
28 林忠編，《臺灣光復前後史料概述》（台北：皇極出版社，一九八三），頁四九—五三。林忠亦為第一回國民大會的台灣籍代表。

先行研究曾指出，在台灣編入中華民國後，既有的台灣菁英因受過殖民教育而被視為有皇民化傾向。[29] 二二八事件後，台灣人菁英在全島層級的政治參與中遭到排除。[30] 在國民黨政權的內部文書中，黃及時被視為「輕視」國民黨的「大台灣主義者」，並被標記為需要留意的人物。然而，就現有可資考察的文獻資料，黃似乎未直接受到二二八事件的衝擊。黃及時一方面與國民黨保持距離，另一方面則藉由在貿易領域的活躍，持續取得商界的領導地位。[31]

戰後初期，黃及時即積極地推動台日貿易的重啟，台北市進出口商同業公會機關誌《台灣貿易月刊》，一九四七年十二月創刊號中刊載了重啟台日貿易的論説。[32] 黃及時於一九四八年至上海參加全國對外貿易會議時，亦就重啟對日貿易一事發言。[33] 由此可知，儘管台灣漸次被納編進入中國經濟圈，對於日台貿易的再度展開，民間業者基於現實的考量，實則寄與厚望。

其後，為阻止因國共內戰而發生的通貨膨脹波及至台灣，一九四九年六月在台灣實施了新台幣改革。新台幣的採用，意味著切斷台灣和中國的經濟關係，再次與日本經濟連結且益形深化。根據劉進慶的研究，若審視一九四九年台灣的砂糖輸出，重心已由上海轉移至日本。戰後中斷的台日貿易隔了四年之後，再度開啟。[34]

尹仲容：因國共內戰而來台的外省技術官僚

國共內戰造成約一百萬的中國人跟隨國民黨政權來到台灣，這群被稱為「外省人」的政治移民集團，在一九四九年以後的台灣社會長期享有各種政治、經濟及文化的優勢地位。外省族群的職業構成，最大宗是軍公教為主的「第三產業部門」，其次是由日產改組而來的公營企業「第二產業部門」，至於農林漁牧業等「第一次產業部門」僅占極

29 黃英哲，《台湾文化再構築一九四五～一九四七の光と影—魯迅思想受容の行方》（東京：創土社，一九九九），頁一七二—一八二。

30 何義麟，《二・二八事件—「台湾人」形成のエスノポリティクス》（東京：東京大学出版会，二〇〇三），頁二九八—三〇〇。

31 「黃及時」（國史館藏軍事委員會侍從室檔案，129000099200A）、《黃及時先生事略》（國史館藏個人史料，128001579001A）。

32 謝國城，〈為何台省主張對日貿易〉，《台灣貿易月刊》創刊號（一九四七），頁四—五。

33 劉紹唐，〈民國人物小傳一一七　黃及時〉，《傳記文學》第四十五卷第四期（一九八四），頁一四八。

34 劉進慶，〈ニックス的発展と新たな経済階層—民主化の政治経済的底流〉，若林正文編，《台湾—転換期の政治と経済》（東京：田畑書店，一九八七），頁一六四。

少數。[35]換言之，外省族群多為消費人口，而非生產人口，因此百萬外省軍民來台對當時的台灣社會造成極大負擔，特別是食糧的確保成為相當重要的課題。

尹仲容（一九〇三—一九六三年）與戰後台灣的經濟局勢密切相關，被認為是具代表性的國民黨政權經濟官僚，可視為「遷占者」集團的代表性人物。他先在南洋大學（日後的上海交通大學）學習電機工程，儘管活躍於專門領域，但並未擔任重要職務。

其人生的重要轉機是中日戰爭後，被國民政府委以赴美採購物資的任務。於是，一九三九年冬天，尹仲容以「資源委員會國際貿易事務所」紐約駐在主任的身分，前往美國。一九四五年六月，自美返中後，負責資源委員會的美援機材調配業務，又擔任行政院工程計畫團團長，逐漸進入國家經濟的核心工作。

尹仲容後於一九四九年六月，就任台灣區生產事業管理委員會常務委員，為該委員會實質的負責人。上任後即設置「日本貿易小組」，專門從事砂糖、鹽等對日輸出業務，同時收集資料，著手對日交涉的準備工作。[36]

一九五〇年九月六日，尹仲容以中華民國經濟部顧問的身分，與GHQ的代表A.J.Rehe正式簽訂了「金融協定」、「貿易協定」以及「貿易計畫」三份文件，即為前述的「通商協定」。該協定需逐年進行更新，輸出入的金額各為五千萬美金。日本政府的代表雖然出席了相關會議，但其立場僅限於觀察員而已。[37] 另一方面，與尹仲容同行赴日並參與交涉的瞿荊州、徐學禹等人，皆是由行政長官公署時代，就開始參與日本植民地資産接收及營運的人物。[38]

協定的談判交涉自一九五〇年六月開始，因無甚進展，尹仲容等人曾一度返台，七月雙方再度開啟談判。[39] 進入八月後，雙方逐漸達成共識。談判氛圍快速轉變的原因，

35 若林正丈，《台湾の政治—中華民国台湾化の戦後史》，（東京：東京大学出版会，二〇〇八），頁八八—九二。

36 尹氏紀念委員會編，《尹仲容先生紀念集》（台北：文海出版社，一九七九年復刻，一九六三年初出），頁三三。沈雲龍編，《尹仲容先生年譜初稿》（台北：傳記文學雜誌社，一九八八），頁一〇—九四。

37 川島真、清水麗、松田康博、楊永明著；高村繁、黃偉修譯，〈日華關係正常化的進展：一九五〇—五七年〉，《台日關係史（一九四五—二〇二〇）》（台北：臺大出版中心，二〇二一），頁四三—四五。主要的交涉過程及其內容，可參考前引的陳思宇、廖鴻綺、徐浤馨等人的專著。

38 瞿荊州歷任台灣省日產處理委員會委員，當時擔任台灣銀行總經理。張瑞成編，《光復台灣之籌劃與受降接收》（台北：中國國民黨中央委員會黨史委員會，一九九〇），頁五八九。張九如，〈尹仲容先生年譜初稿序〉，沈雲龍編，《尹仲容先生年譜初稿》（台北：傳記文學雜誌社，一九八八），頁一一。徐學禹曾任行政長官公署交通處長。劉國銘編，《中國國民黨百年人物全書》下（北京：團結出版社，二〇〇五），頁一九六八。

39 堀野重義，〈日台貿易の概況とその見通し〉，《硫安協会月報》第十五號（一九五二），頁一一。堀野重義當時服務於日本通産省通商局市場第三課。

被認為與麥克阿瑟訪問台灣有關。[40] 儘管在韓戰爆發前，早已預定談判交涉的舉行及召開，但談判從無交集迅速轉向成功，實在饒富政治意涵。

由黃及時領導的台北市進出口商同業公會，到了一九五〇年時已成為會員數最多的民間團體，並接受政府委託販賣用於進出口結匯的「外幣寄售券」，具備相當的經濟力量。[41] 而在前述的《台灣貿易月刊》的基礎上，台北市進出口商同業公會於一九五〇年一月開始印發《台灣貿易週報》。該週報的創刊號刊載了台灣省財政廳長任顯群的署名記事，應可視為得到政府方面的認可。[42]《台灣貿易週報》從創刊號便刊登了許多重啟對日貿易的論說，一方面提供會員對日貿易的相關資訊，另一方面則呼應政府的對日貿易交涉。

圖2 進出口公會現址，楊子震提供。

一九五〇年六月韓戰爆發以後，國際原物價等高漲，日本的原料輸入開始明顯不足，與此並行

的是國內物價顯著上昇。儘管在輸出上持續成長，但輸入則未見增長。[43] 對日本而言，「通商協定」的締結確實有助解決輸入不振的問題。再者，戰後儘管日本向東亞各國購買物資的金額，由一九四九年的五千五百萬美金成長至一九五〇年的一億三千六百萬美金，但做為輸出市場，因英鎊貶值等匯率變動的影響，依舊持續低迷不振。日本期待台灣成為其外銷主要市場後，可帶動並改善日本與其他東亞諸國的貿易現況。[44]

另一方面，國民黨政權遷台後，在財政上陷入困境，遂致力於振興貿易，不得不尋求日本做為市場。[45] 藉由「通商協定」的締結，得以打開台日間的通商途徑。就台灣而

40 徐浤馨，《一九五〇年代日本對中國外交政策》（新北：淡江大學出版中心，二〇一九），頁三五—三九。做為重要因素的麥克阿瑟訪問台灣，其影響李恩民亦曾言及。李恩民，《中日民間經濟外交》（北京：人民出版社，一九九七），頁六五。

41 劉紹唐，〈民國人物小傳一一七　黃及時〉，《傳記文學》第四十五卷第四期（一九八四），頁一四八。

42 任顯群，〈台灣財政與対外貿易的關係〉，《台灣貿易週報》創刊號（一九五〇），頁五。

43 中村隆英，〈SCAPと日本—占領期の経済政策形成〉，中村隆英編，《占領期日本の経済と政治》（東京：東京大学出版会，一九七九），頁一九。

44 西川博史、石堂哲也譯，《GHQ日本占領史五十二外国貿易》（東京：日本圖書センター，一九九七），頁二三〇。

45 堀野重義，〈日台貿易の概況とその見通し〉，《硫安協会月報》第十五號（一九五二），頁一一。

言，這意味得以確保當時最大外匯來源地的日本市場。[46] 爾後，台灣日漸高度仰賴對日貿易，意味台灣經濟在與中國大陸的往來關係被阻斷後，通過與日本進行通商貿易，得以達成平衡。[47]

重啟雙邊貿易後，在一九五〇年七月—一九五一年十二月的一年半間，從台灣輸往日本的貨品主要為砂糖，其餘的米、鹽、香蕉等品項微乎其微。從日本輸往台灣的品項則以化學肥料為主，依序為機械類產品、纖維製品、金屬製品以及食糧類商品。[48] 此時台日間的貿易構造，可說是與二戰前非常類似。

「通商協定」成為日後長達九年間對日貿易的基礎，當時與日本的貿易約占台灣對外貿易總額的百分之七十。[49] 特別是台灣每年的氮肥需要量約四十萬噸，惟島內的石灰氮（calcium cyanamide）年僅生產七萬五千噸，不足的部分需仰賴進口，故在「通商協定」交涉之際，國民黨政權業已要求日方提供二十五萬噸的硫安（ammonium sulfate），以求化學肥料的穩定供給。[50] 透過台日貿易的正式重啟，物資欠缺的情形獲得了改善，因急遽人口增加產生的食糧不足問題亦獲得了改善的可能。

考察「通商協定」的交涉過程，儘管黃及時於一九五〇年底創設「台灣省商會聯合會進出口小組」，更於一九五三年正式組織「台灣省進出口商同業公會」之際，就任該團體的首任理事長。[51] 然而，台日貿易的體制構築過程中，身為實務從業者的黃及時雖然可以向國民黨政權提出建議或請願，但自始自終只能做為一被動的旁觀者。最終，台灣貿易商人的期望由尹仲容等外省籍技術官僚代為反映及實現。

以「先經後政」重建的戰後台日關係

一九五〇年九月，中華民國台灣省與同盟國占領下的日本，締結了「通商協定」，

46 涂照彥，〈台湾企業からみた日台関係〉，《涂照彥論稿集——台湾の経済》（東京：福村出版，二〇一二年、一九九七年初出），頁二四六。
47 劉進慶，《戦後台湾経済分析》（東京：東京大学出版会，一九七五），頁三八五。
48 堀野重義，〈日台貿易の概況とその見通し〉，《硫安協会月報》第十五號（一九五二），頁一二—一三。
49 尹氏紀念委員會編，《尹仲容先生紀念集》（台北：文海出版社，一九九七年復刻，一九六三年初出），頁三四。
50 堀野重義，〈日台貿易の概況とその見通し〉，《硫安協会月報》第十五號（一九五二），頁一三。
51 劉紹唐編，〈民國人物小傳一一七　黃及時〉，《傳記文學》第四十五卷第四期（一九八四），頁一四八。

雙方擱置了政治問題，重新建立了經濟聯繫。台日間的實質貿易可回溯至一九四七年的以物易物，但透過「通商協定」的簽署，得以制度化。儘管協定的名稱上有「台灣」及「日本」，但事實上是由國民黨政權及GHQ進行談判交涉和簽約。可說是「當事者缺席」的協定吧！

本文以黃及時與尹仲容兩人為例，梳理了環繞於二戰後初期台灣歷史的文脈，對台日貿易關係的架構重建進行了政治及經濟背景的考察。儘管「通商協定」的交涉實際係由因國共內戰而來台的外省經濟官僚進行，但以台灣人黃及時為首的貿易商團體，對於重啟商貿亦抱持期待。

對於國民黨政權而言，台日貿易的再開一方面可以解脫物資缺乏的窘狀，另一方面，透過肥料的穩定輸入，得以阻止糧食不足情形惡化。「通商協定」的締結對於國民黨政權的穩定統治亦有所助益。

中華民國在第二次世界大戰結束後，以戰勝國的角色接收了原為日本帝國殖民地的台灣，意圖達成其於《開羅宣言》中的宣示。然而，後因國共內戰的失利，不得不將黨、政、軍等國家統治機器及其支持者移轉至了台灣。中華民國政府與GHQ間達成的「通商協定」，實有賴韓戰的爆發方得以達成締結。「通商協定」儘管僅為臨時性措施，卻讓台灣與日本間結束「殖民地—帝國」的隸屬關係後，在制度上先由互通有無著手，在經濟層面上重新開啟彼此的交流往來。在此過程中，曾活躍於日本帝國經濟圈的台籍知識菁英及身為外省族群的技術官僚皆各有其扮演的角色。

輯二

一九八〇年代以後的台商

是僑？還是家？泰國台商發展的心路歷程

陳尚懋／佛光大學公共事務學系

從曾經擊敗紐約時代廣場（Time Square）等地，獲得全球Instagram熱門打卡地點第一名——曼谷購物商場暹羅百麗宮（Siam Paragon）向東出發，沿著台灣遊客熟悉的蘇坤威路（Sukhumvit Road），在交通若是順暢的路況下，約行駛四十分鐘的車程，即可看到一座宏偉宮殿式建築：暹羅代天宮，從一九七〇年代起保佑前往泰國發展的台灣人，後於一九九二年正式奠基於此。與泰國常見的小乘佛教寺廟截然不同，雕樑畫棟、莊嚴肅穆，彷彿把曼谷的塵囂隔於廟門之外。踏入廟埕，遙想當年來泰國打拼的台灣人，帶著全家人的希望，捻起一柱清香，祈求神明保佑在泰國發展一切順利。

圖1　旅泰台灣人的心靈寄託：暹羅代天宮，陳尚懋提供。

泰國台商發展的成敗

而在距離代天宮不遠處的即是台灣人在泰國的重要組織，已經成立超過七十年的台灣會館，同樣承載著台灣人在海外打拼的辛苦與盼望，在過去數十年來，見證許多台商的發展起伏。第二十八屆亞洲台灣商會聯合總會總會長劉樹添，即是發展成功的典範之一。劉會長一九四七年出生於台灣彰化，一九八一年在台成立「第一琺瑯」，並於一九八五年榮獲「第八屆青年創業楷模」，爾後於一九八九年前往泰國投資設廠，初期相當不順遂，苦尋不著有經驗的勞工幹部。最後突發奇想，靠著在曼谷機場入境大廳舉牌，直接招募從台灣回泰國

圖2　成立已經超過七十年的台灣會館，陳尚懋提供。

有經驗的移工，才暫時解決了缺工的問題。儘管如此，後續的發展仍千辛萬苦，直到一九九七年七月二日在泰國爆發的亞洲金融危機，才讓劉樹添的生意因為泰幣貶值而獲利倍增，公司業績扶搖直上，並成為法國琺瑯鑄鐵鍋具第一品牌LE CREUSET的代工廠。

而後他希望將自己的經驗傳承給在泰國打拼的台灣人，熱衷參與社團，經過多年社團經驗的累積，劉樹添於卸下泰國台灣商會聯合總會長的重擔之後，進一步接任亞洲台灣商會聯合總會總會長。亞洲台灣商會聯合總會是在泰國台灣商會聯合總會創會會長余聲清的奔走之下，一九九三年七月二十日於台北正式成立，並由余聲清擔任創會的第一屆總會長，顯見泰國台商組織的重要性。

台商失敗者衆

泰國台灣會館除了見證劉樹添總會長的成功之外，也目睹了眾多台商發展失敗的案例。泰國台商莊大哥當年因為前往泰國工廠擔任技術指導人員，而後自行開業成衣廠，經過多年的努力，成為國際一線品牌的代工廠，打入迪士尼樂園。並一度擔任泰國台商聯合總會副會長，風生水起，「喊水會結凍」。然近幾年也面臨到泰國土地與薪資成本上漲的壓力，除了佛統（Nakhon Pathom）工廠之外，另前往泰緬邊境的美索（Mae Sot）設廠，希望引進緬甸勞工降低成本。但下一代不願意接班，加上個人因年事已高無力再次進行產業升級，只能眼看著夕陽產業日漸凋零。新冠疫情的爆發宛如壓倒駱駝的最後一根稻草，國外代工訂單銳減，在未能及早因應市場變化調整的情況之下，不得不關閉工廠、解雇員工以求減少損失，結束一切返回台灣。而乏人問津的廠辦、土地與積欠銀行的大筆貸款，至今仍無法解套。對照劉樹添的成功，莊大哥的案例相信讓更多台商有感：這一路走來，艱苦誰人知？

台商前進泰國的濫觴

依據泰國投資促進委員會（Board of Investment, BOI）之資料顯示，自一九五九年起至二〇一九年止，台灣為僅次於日本與美國的第三大海外投資國，以資通訊、汽車零件、金屬、紡織、食品及相關產業為主。初估在泰台商約有五千家，台僑人數約在十五萬人左右，顯見泰國一直是台商投資的重點國家。

台灣人前往泰國發展，雖然最早可以追溯至日據時期，但較具規模的台灣移民主要是從一九六〇年代開始。泰國政府於一九六一年正式推動第一次「國家經濟發展計畫」（National Economic Development Plan, 1961-1966）[1]，一九六六年根據先前通過的「產業獎勵法」（Industrial Promotion Act），成立「產業投資促進委員會」（Board of Industrial Investment），而後於一九七二年更名為「投資促進委員會」，並沿用至今。產業獎勵法歷經一九六〇年與一九六二年的兩次大幅修訂，一九七七年時整併成為「獎勵投資法」（Investment Promotion Act），擴大獎勵投資的事業範圍，主要目的在於引進外來力量協助泰國經濟與產業發展，因此泰國企業紛紛聘請有經驗的台灣專業技師前往指導。

由於當時台灣仍處於戒嚴狀態，一般民眾出國必須經由主管機關核准[2]。不少台商當年就是以商務為由申請許可後，如同當年的莊大哥一般，前往泰國工廠擔任技師、工程師、廠長等專業技術人才或高階管理人才。根據資料顯示，一九七三年時台灣技術人員在泰工作的人數為四百四十九人，占全泰國外國技術人員的百分之三十四，可見台灣技術支援泰國在當時的重要性[3]。在累積多年的經驗、人脈與資金後，這群專業技師另起爐灶自行創業，出現台商投資泰國的第一波高峰，並在往後成為台商社群的骨幹。

國民政府於一九四九年播遷來台初期，蔣介石仍懷抱著反攻大陸的夢想，並曾希望藉由泰緬邊境的孤軍打回雲南。但隨著國際情勢的發展，遭遇諸多的阻礙，也讓當時政府施政轉向經濟發展，積極建設美麗寶島復興基地。在許多技術官僚領導之下，展開貨幣改革與土地改革，透過農業支持工業下推動「進口替代工業化」（Import-substitution industrialization）成功，進而轉型成「出口導向工業化」（Export-oriented industrialization），也讓台灣經濟從一九六〇年代開始起飛，統計從一九六〇—一九七三年第一次石油危機這段期間，台灣維持每年百分之十左右的經濟成長率，形成舉世矚目的台灣經濟奇蹟，也成為許多經濟發展理論教科書與課堂上的討論案例。

根據世界體系理論（World System Theory）的劃分，全世界的分工體系存在著「核心」：已開發的工業化國家，例如：美國、英國；「邊陲」：以出口原物料為主的未開發或已開發國家，多為非洲國家；「半邊陲」：一方面支配邊陲國家，另一方面又受到

1 從第二次計畫開始，加入社會發展的概念改名為「國家經濟與社會發展計畫」（National Economic and Social Development Plan, NESDP）。

2 一直到一九七九年一月一日，政府公布的「國民申請出國觀光規則」正式實施後，除了十六到三十歲的男子因為兵役問題除外，於台灣地區設籍的中華民國國民，每年得以申請兩次出國觀光，出國觀光時間，每年合計不得超過三個月。這對於現在買了機票帶上護照就可以出國的民眾來說，應該很難以想像。

3 曹淑瑤，〈戰後臺灣與泰國的經貿發展〉，載於古鴻廷與莊國土主編，《當代華商經貿網絡：海峽兩岸與東南亞》（台北：稻鄉出版社，二〇〇二）。

核心國家的剝削，例如：台灣。當核心國家能夠擴張而且自足，則邊陲與半邊陲國家的擴張與自立便受到制約。分工位置是流動的，即邊陲有可能往半邊陲與核心國家流動，而半邊陲國家當然也有機會往核心國家移動。在經濟全球化的發展中，台灣與其他新興工業化經濟體（Newly Industrialized Economies, NIEs）成功由邊陲國家移到至半邊陲國家，成為具有資本輸出能力的後進工業國（latecomers），自一九八〇年代後開始扮演起重要的角色，其中對外直接投資（Foreign Direct Investment, FDI）乃重要核心議題[4]。

台商投資泰國第二波高峰

經營成本大增，致使企業移往海外

從一九八〇年代後期開始，在出口導向工業化的帶動之下，國內外都出現許多鼓勵或迫使台商出走台灣的推力，成為海外直接投資的外流動力。首先在國內因素方面，新台幣兌美元大幅升值，從一九八三年的一美元兌四〇．〇六元新台幣，一路升值到一九九二年的一美元兌二五．一六元新台幣，升值幅度高達百分之三十九，造成企業出口壓力大增。在地價漲幅方面，一九八〇年時公告土地現值調幅達到百分之九十一，一九九一年時又再達到百分之九十七。至於工業及服務業的每人每月總薪資從一九八〇年的八千八百四十三元新台幣，調漲到一九九三年的三萬一千六百八十九元新台幣，漲幅高達百分之兩百五十八。前任泰國台灣商會聯合總會長郭修敏，也是泰豐有限公司負責人，主要以生產PVC球閥站穩泰國的市場，並出口至世界各國。其受訪時提到一九八四年剛到泰國時，員工一天的薪資是六十元泰銖，月薪大約兩千元泰銖左右，換算成當時的匯率為一千兩百元新台幣左右，大約是台灣薪資的十分之一。

匯率、土地與人力等都讓許多出口導向的企業經營成本大增，被迫將生產基地直接移往海外。隨著一九八七年解嚴，台商大量前往海外投資，也讓台商投資泰國出現第二次的高峰期。根據投審會的資料顯示，一九八六—一九九〇年短短五年間，台灣的海外

4 周素卿、陳東升，〈後進者的全球化：移地的地域生產網絡建構與台商在東南亞的投資經驗〉，載於蕭新煌、王宏仁與龔宜君主編，《台商在東南亞：網絡、認同與全球化》（台北：中央研究院亞太研究計畫，二〇〇二）。

投資金額成長超過二十六倍。除了原先的中小企業外，也有更多中大型企業於此時前往投資，包括：泰達電、泰金寶、光寶、南僑、統一等。

中國大陸加入國際競爭之列

然而泰國在進入九〇年代之後，也面臨其他邊陲國家的競爭，尤其是中國大陸，國際政經情勢與兩岸關係變化之快也影響到台商海外投資布局。政府於一九八七年開放民眾赴大陸探親，中國大陸趁勢於一九八八年發布「關於鼓勵台灣同胞投資的規定」，許多台商於是藉著探親之名前往大陸進行投資考察。一九八九年六四事件之後，台商適時補上歐美民主國家外資撤離後留下的空缺。一九九二年一月十七日，鄧小平從北京搭乘專用列車南下廣州視察，發表了「發展才是硬道理」，以及著名的「貓論：不管黑貓白貓，能捉到老鼠就是好貓」等重要「南巡講話」後，加速中國大陸改革開放的幅度。

為了要追趕亞洲四小龍等國的出口導向工業化，中共於一九九四年決定讓人民幣大幅貶值，美元兌人民幣匯率從一九九三年十二月三十一日的一比五．八，直接貶值到一九九四年一月一日的一比八．七，幅度高達百分之三十三，除了鼓勵陸資企業出口外，更是大幅降低台商與其他外商進入大陸的投資門檻。在語言相通且投資成本更低廉的條件之下，政府於一九九一年大開西進投資的綠燈，公布「對大陸地區投資及技術合作管理辦法」，許多台商紛紛前往大陸投資，部分東南亞台商也因此將生產線移至中國。一九九一年到一九九三年台商赴大陸投資的金額成長高達十七倍，因而引發政府的關切。

南向政策的推出

分散對大陸的經濟依賴

台商一窩風前往中國大陸投資，也讓政府開始憂心台灣經濟會過於依賴中國大陸，往後恐怕會受到中國大陸的政治控制。也因此政府在一九九三年底時推出「加強對東南亞地區經貿工作綱領」，一九九四年初時任行政院長連戰宣布，將其正式定名為「南向政策」，盼能分散台商海外投資風險。同時一九九六年李登輝訪美引發中國大陸強烈抗議，爆發台海飛彈危機，政府對大陸投資被迫喊出「戒急用忍」政策。但一九九七年七月二日在泰國爆發的「冬蔭功危機」（Tom Yum Kung Crisis）[5]，以及其後印尼爆發的排華事件，都讓台商前進東南亞增添許多的風險。

二〇〇〇年台灣出現首次政黨輪替，陳水扁上台後持續推動新南向政策，對中國大陸投資政策則由「積極開放，有效管理」轉變為「積極管理，有效開放」。儘管如此，中國大陸的磁吸效應持續發威，成為全世界最大的工廠。二〇〇八年馬英九當選總統時，台灣前往大陸投資金額首度突破一百億美元，並於二〇一二年達到歷史新高的一百四十．六二億美元，約是一九九一年開放時的八十二倍左右。

泰國投資環境不如台商預期

政府希望透過南向政策鼓勵台商前往東南亞投資，但台商赴泰國的投資金額卻從一九九〇年的一．四九億美元一路下滑至一九九七年的五千五百七十四．六萬美元。一九九七年七月二日亞洲金融危機爆發之後，政府也旋即核定「加強對東南亞及澳、紐地區工作綱領」，持續推動南向政策，希望鼓勵台商投資東南亞協助當地經濟復甦，一九九八年台商赴泰國投資金額也增加至一．三一億美元。可惜好景不長，二〇〇二年時跌到五百九十六萬美元的新低點，約退回到一九八七年時的水準。

許多台商表示當初跟著政府的南向政策前往泰國投資，但去了之後才發現政府能提供的協助不多，並沒有賺到錢。反觀當初選擇去大陸投資的台商大部分都有不錯的發展，因此有「被政府騙了」、「上當了」之嘆。除了政府推行的南向政策成效不彰外，泰國的政治情勢不穩，也是台商前進泰國投資的一大隱憂。

泰國政治情勢影響台商意願

泰國民主化過程間接導致金融危機

泰國從一九六〇年代開始發展經濟，在政治制度上主要維持著軍人統治的威權體

5 由於泰國菜最有名的餐點為冬蔭功湯（台灣大多稱之為酸辣蝦湯），也因此一九九七年七月二日於泰國爆發的亞洲金融風暴，又被稱為冬蔭功危機。

制，壓抑民間部門，禁止勞工與環保等運動，同時也犧牲北部與東北部民眾的利益，堆砌以曼谷為中心的泰國經濟發展，成為東南亞四小虎。但從一九九二年開始進入民主化進程之後，民間部門的力量興起，就如同先前台灣的發展一樣，民間部門開始透過國會選舉或是商業利益影響政治決策，貪污腐敗的政商關係最終導致了金融危機的爆發，亞洲各國經濟遭受嚴重打擊，也連帶影響了傳統台商投資泰國的信心。

但泰國於一九九八年危機之後大力推動「驚奇泰國」（Amazing Thailand）國家級觀光旗艦計畫，二〇〇一年泰國成為接待一千萬旅次的觀光大國，二〇一九年新冠肺炎疫情發生前，泰國的觀光客人數達到將近四千萬旅次，蓬勃發展的觀光產業也吸引了不少以運輸、房地產、人力仲介、旅遊與餐飲等服務業為主，年輕一代的新台商進入。尤其將台灣人最愛的手搖飲引入泰國，包括：CoCo、歇腳亭、日出茶太、鹿角巷、幸福堂、一芳水果茶、茶湯會、KOI Thé（50嵐的東南亞品牌），甚至在曼谷市中心的中央世界商業中心（Central World）都可以看到台灣平價咖啡廳路易莎的身影。

紅衫軍與黃衫軍惡鬥震盪泰國經濟

然而從二〇〇五下半年開始，紅衫軍與黃衫軍兩陣營進行將近二十年的政治鬥爭，政治情勢惡化連帶影響到經濟投資環境。二〇〇一年塔克辛（Thaksin Shinawatra）率領泰愛泰黨（Thai Rak Thai Party）以將近過半的席次贏得大選，並順利當選總理一職。其推出的民粹主義與民族主義政策，在長期受到政府經濟發展政策忽略的北部與東北部大受歡迎，二〇〇五年更囊括六成的選票連任，但同時也引發以保守勢力為主的「君權網絡」（Network Monarchy）反撲，包括：皇室、司法、軍方以及民主黨（Democrat

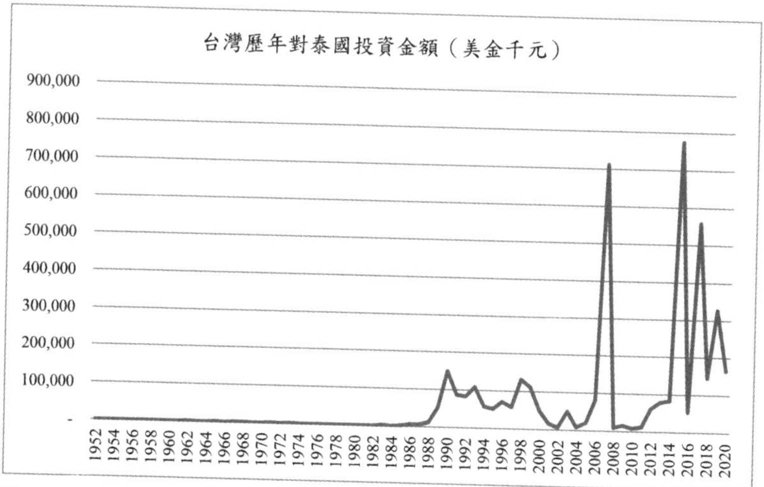

圖3 台灣歷年對泰國投資金額。

Party），不斷透過非民主的方式推翻民主選出的政府。其間經歷了兩次軍事政變，多次透過「司法政變」（judicial coup）解散紅衫軍政黨：泰愛泰黨與人民力量黨（People Power Party），造成多位總理被迫下台：薩瑪（Samak Sundaravej）、宋猜（Somchai Wongsawat）、盈拉（Yingluck Shinawatra）。其間曾短暫執政的民主黨政府，在當時總理艾比希（Abhish Vejjajiva）的主導下，於二〇一〇年五月中旬針對抗議的紅衫軍群眾進行血腥鎮壓，造成九十餘人死亡，一千五百餘人受傷，泰國近代政治史上最嚴重的傷亡事件。政治環境的不穩定，每兩、三年上演一次的街頭抗爭暴力事件，讓海外投資者躊躇不前，台商對泰國的投資金額也呈現高低起伏的震盪。除了傳統台商叫苦連天之外，更讓以服務業為主的新台商也深受其害。

東協小霸王ＡＫ小姐

曾被天下雜誌封為「東協小霸王」的ＡＫ小姐郭玫蘭Carol，在二〇〇九年時毅然決定前往泰國尋找機會。從兩間房的民宿開始做起，主打華人市場，不到幾年的時間，就成為泰國華人自由行的第一品牌，每年接待遊客超過數萬人。生意好的時候甚至要借用隔壁的Central World，當作一日遊出發的集合地。但二〇一〇年紅衫軍火燒Central World、二〇一四年軍事政變、二〇一五年四面佛爆炸案等政治衝突事件，嚴重影響旅客前往泰國觀光的意願，導致Carol損失將近千萬泰銖，讓她大嘆先前賺得都不夠賠。新冠肺炎的爆發，更是讓業績一夕之間歸零，Carol憑藉著過去經驗，順利成功轉型為電商，但也因為與其他股東理念不合被迫離開自己一手創立的旅行社。

當初為了替學生尋找泰國實習的機會而與Carol相識，希望她努力打拼的精神能成為學生的榜樣。Carol過去習慣低調做生意，或許因為其個性緣故，一直以來也並未與台商圈打交道，根據她的說法，因為過去聽到太多台灣人坑台灣人的故事，與其花時間去社交，不如把時間拿來賺錢比較實際。加上先前與同為台灣人的股東反目，公司差點被「整碗捧去」，經歷過人生低谷，被迫重新進行公司註冊再出發等，都讓Carol對於加入台商圈裹足不前。儘管如此，泰國的台商、台僑相關組織還是相當多，且發揮不少重要的功能。

台商落地泰國的在地鑲嵌

根據蕭新煌教授等人指出，台商具有兩大特質：「外向性」與「網絡性」[6]。在介紹完外向性之後，接下來我們將重點轉移到泰國台商的網絡性，探討台商落地泰國的在地鑲嵌。

關係資本主義：由家族成員擴散至一般社交

網絡關係是華人企業相當重要的特徵，對此大多集中在「關係資本主義」（Guanxi Capitalism）的研究論述。人民在從事經濟行為時，是在人際關係網絡中進行的，因此必然會受到社會脈絡的制約，也就像馬克．格蘭諾維特（Mark Granovetter）於一九八五年所提出的「鑲嵌性」（embeddedness）概念：在現代的產業社會中，所有的經濟行為都是鑲嵌在社會關係的網絡之中，而且被他們所處的網路地位所影響[7]。

台灣企業的組織網絡結構，基本上是建立在家族式網絡，並延伸擴展至非家族式的個人關係網絡，而特定網絡中成員間的信任關係，是網絡協調整合的重要機制。

如此的網絡大致上可以區分為生產網絡（Production Network）與關係網絡（Guanxi Network）。首先在生產網絡方面，台商在海外生產網絡的建立，大部分是將台灣所建構的生產網絡移植與延伸。台商前往海外設廠時，會要求其配合的下游廠商，一起前往海外據點從事生產活動，達成移地生產網絡的群聚效應。另外則是關係網絡，台商在前往海外後，會與當地的企業組織與政府合作，特別是東南亞的華人企業因為種族與文化上的相近性，成為台商初期建立關係網絡的重要基礎[8]。

團結力量大：同鄉會、商會與各種組織的關鍵影響

雖然自己人坑自己人的故事不時耳聞，但對於許多剛落地泰國的台商來說，人生地不熟的情況下，其實是很需要來自台灣鄉親的協助。根據顧長永教授指出，台灣到東南

6 蕭新煌、王宏仁、龔宜君主編，《台商在東南亞：網絡、認同與全球化》（台北：中央研究院亞太研究計畫，二〇〇二）。

7 戴萬平、黃勇富，〈泰國華人企業的關係網絡運作〉，《東亞季刊》第五十卷第一期（二〇〇九），頁二九—七六；蕭新煌、龔宜君，〈台商的歷史、性格與未來發展〉，載於蕭新煌、王宏仁與龔宜君主編，《台商在東南亞：網絡、認同與全球化》（台北：中央研究院亞太研究計畫，二〇〇二）。

8 周素卿、陳東升，〈後進者的全球化：東南亞台灣企業地域生產網絡的建構與對外投資經驗〉，《都市與計畫》第二十八卷第四期（二〇〇一），頁四二一—四五九。

亞投資設廠之後，組織台商協會或相關的聯誼組織，是很自然也很重要之事，而這些組織大致上提供同鄉聯誼、團結力量與資訊提供等功能[9]。

泰國台商相關組織，大致可以分為三大類，第一大類為商會組織：首先是泰國台灣商會聯合總會，在余聲清先生的努力奔走下創立於一九九二年十月。余聲清先生擔任會長任內，為台商子女的教育不遺餘力，成立泰國中華國際學校，成為台商海外學校的創始地。第二則是泰國華商經貿聯合會於一九九四年十月二十五日，經僑務委員會協助在泰國成立。筆者過去皆與這兩大商會組織有合作經驗，包括協助泰國台灣商會聯合總會與筆者所服務的佛光大學簽訂產學合作備忘錄；同時也在已故正修科大戴萬平教授的居中牽線下，與泰國華商經貿聯合會進行洽談往後合作。顯見許多泰國台商在事業有成之後，也願意與台灣的學校進行合作，給予台灣年輕學子實習等機會，讓其提早體驗東協的職場文化與經驗。

第二大類為鄉親與宗教組織，最主要的代表機構為泰國台灣會館。一九四六年在泰台人正式成立「台灣同鄉會」，一九四七年更名為「泰國台灣會館」，成為台灣人在泰的重要組織。其他的鄉親組織包括：泰國台灣彰化同鄉會、泰國華僑協會、泰國台灣客家同鄉會、泰國海華協會等。至於台灣在泰國的宗教組織有先前提及的暹羅代天宮外，尚有泰國南遙媽祖宮、靈鷲山泰國禪修中心、慈濟基金會泰國分會、法鼓山泰國護法會、中臺禪寺泰國曼谷分院——泰佛寺、國際佛光會泰國曼谷協會（佛光山泰華寺）、泰國一貫道總會等，提供在泰國之十五萬台灣僑民心靈與精神寄託，讓泰國台商有暫時僑居於此的想像。

第三大類則為台商經營事業有成後，融入當地社群，所成立的聯誼性質組織。除了挽那扶輪社、大玲昌（旅泰台商）獅子會等社團組織，以及台商為配合泰國政府的反毒及防範犯罪所成立的泰國工廠警察（國際）協會外，不得不提及熱心公益的僑務諮詢委員何素珍，也就是泰國台商界無人不知無人不曉的何姐，於二〇〇七年召集

圖4 泰國佛光山組織，陳尚懋提供。

9 顧長永，《台商在東南亞：台灣移民海外的第三波》（高雄：麗文文化，二〇〇一）。

五十位台商所組成泰國曼谷國際機場移民局義警隊。這些台商大老闆暫時放下繁重工作，排班於機場服務來自全世界的旅客，協助旅客轉機、引導查看填寫入境表格、為移民局官員翻譯等。相信不少讀者都曾於飛抵曼谷素萬那普國際機場（Suvarnabhumi Airport, BKK）時，在入境櫃檯或落地簽辦理處接受過他們的幫助。操用著熟悉的語言與親切的態度，減少旅客入境泰國時的緊張與焦慮，可謂是十足的台灣之光。

哪一個算是我家？

台灣歷經從一九六〇年代以來的經濟發展之後，取得不錯的成效，但也出現生產成本增加等困境，許多企業開始尋找另外出路，展現

圖5　泰國台灣商會聯合總會，陳尚懋提供。

出台商堅韌的外向性。而當台商落地泰國後，因為網絡性所組成的組織，除了能提供後進台商協助之外，更多台商在事業有成之後，也能走出台商圈，成立許多當地組織，深入泰國的每一個角落進行社區服務，回饋社會，展現Taiwan Can Help, Taiwan is Helping的具體實踐。但對於這群泰國台商來說，越深耕泰國也越模糊了家的想像，讓泰國從僑變成家。

根據僑委會在二〇一八年的調查顯示，泰國台商返台投資的意願是東南亞六國最低，僅有百分之二十五·五台商企業考慮未來返台投資，百分之五十六·七的台商現階段不考慮，百分之十七·七的台商未來也不考慮[10]。但二〇一九年底的一場疫情讓一切充滿變數，國際政經環境已與當初調查狀況不可同日而語，加上政府推出歡迎台商回台投資行動方案，有越來越多的台商開始探尋回台投資之路，然而對於早已在泰國落地生根的台商來說，許多現實層面的考量卻讓他們回不了台。

先前由楊雅喆導演所拍攝滅火器樂團〈長途夜車〉（Southbound Night Bus）的MV，二〇一七年七月十一日上線後，已經累積了超過一百六十萬的觀看次數，音樂版

10 僑務委員會，《二〇一七年海外臺商經濟年鑑：東南亞六國篇》（台北：行政院僑務委員會，二〇一八）。

的聆聽次數則超過一千七百萬次，累積總計超過兩千則的留言，道出了許多在日本、英國、美國、香港、大陸、東南亞，甚至遠在西非打拼的台灣人心聲。MV裡面的楊耀文，也是滅火器樂團主唱楊大正的爸爸，在寮國打拼的故事相信讓很多泰國台商有感，當初跟楊耀文一樣自詡為「無可救藥的樂觀主義者」，認為自己永遠有機會，搭上了一班Southbound Night Plane勇敢南下。

想不起來那時怎樣離開
漂浪的生活也漸漸習慣
迷糊經過這麼多年
認識了很多道理
卻找無一條路回去
我漸漸失去自己
在競爭的花花世界
拐彎抹角是辜不二終
看不到出口在哪裡

也不知道該去哪裡
我只是暫時失去方向
我一定會找到
回去的路

節錄〈長途夜車〉歌詞

全球化已經將地球輾壓為平的，但對泰國台商而言，家到底是台灣還是泰國呢？泰國是僑還是家呢？或許就如同二〇二一年高雄獎影像暨科技媒體藝術入選獎洪鈞元的作品「我與母親的民國六十四年」中所寫道：「家對我來說定義非常模糊。我不知道哪一個算是我家」（Home is a vague concept for me. I don't know which one is my home）。

＊作者將以本文紀念已故正修科大戴萬平教授，感謝戴P無私分享許多泰國研究資源，從而讓作者更加了解泰國華商與台商圈。

流轉的資本

越南台商的在地投資與路向

王文岳／國立暨南國際大學東南亞學系

台灣在越南的前世今生

台灣與越南近年的經貿關係趨於緊密，自一九九八年以後，台灣至越南的出口年增率持續超過百分之十，而越南對台灣的出口年增率亦有類似的數字，做為東南亞區域重要的經濟成長標的，越南龐大的勞動力，交通輻輳的地理區位，豐沛的物產，以及持續成長的消費力，均使得台灣資本在越南的投入有增無減。即使在二〇一四年的反中抗爭以後，台商對於越南的投資趨勢亦未衰減，雙邊的人員往來與貿易流通活絡，具體反映了雙邊關係的深厚。

台商在越南的投資在統計上並不容易有完整的統計數據，除了由台灣對於越南的直接投資外，也有台商透過第三地對越南進行投資之情形，因此我國經濟部投審會與越南政府的官方數據常因認定標準差異而存在一定差異。台商在越南投資遍及全國各地，早期投資約百分之七十—八十集中於胡志明市及鄰近的同奈省、平陽省等地，在北越投資則集中於河內市、海防市以及鄰近省分。由於越南南部地區的發展已趨飽和，近十年於河內附近地區的台商投資有明顯的增加趨勢。而且投資的案件由以往的中小企業逐漸轉向大型企業，技術層次也從加工轉為技術密集與資本密集產業，譬如著名的資訊產業大廠鴻海即強化於越南投資，台塑則與中鋼、日本JFE控股（JFE Holdings）合資投資河靜鋼鐵廠。整體而言，投資於越南的台商主要產業仍以勞力密集型產業為主。近年來，越南市場在全球市場供應鍊的地位提升，使得越南市場結構出現轉變，在地廠房成本、原物料供應、租稅優惠、生產協力網路遷移、客户要求、關稅或非關稅障礙、越南高級技術人才等因素的變化對於台商的投資決策均有一定影響。

自一九九四年起，越南本地的台商即開始組織商會，參見表1。根據駐胡志明市台北經濟文化辦事處的資料，當前越南在地的台商組織，除了「越南台灣商會聯合總會」外，尚有不同地區的十四個分會，以分會數而言，南部地區的台商組織最多，計有七個分會，其中平陽省、胡志明市、同奈省皆為台商在越南投資數最眾者。北部地區的台商分會亦有五個，顯示在越南政

表1　越南台商組織

全國	越南台灣商會聯合總會
北部	河內市分會
	太平分會
	河靜分會
	海防分會
	北寧分會
中部	峴港市分會
	林同省分會
南部	胡志明市分會
	平陽省分會
	西寧省分會
	頭頓省分會
	同奈省分會
	新順分會
	隆安省分會

府的大力提倡下，北部地區的工商地位亦有顯著提升。二〇一〇年，為了促進越南台商菁英族群的交流，另外成立了越南台灣商會聯合總會青商會，以促進越南各地青年台商交流及發展。此外，越南台商亦以不同產業之間，亦有另立同業聯誼組織之情形，較顯著者為「越南台商自行車聯誼會」與「越南台商家具聯誼會」。

越南台商在當地投資廣泛，並且在各產業多有代表性廠商，包括鋼鐵業的台塑集團與中鋼、電子業的鴻海集團與仁寶電腦、電機業的東元集團、營建業的中央貿易開發與幸福水泥、製鞋業的寶成、食品業的味丹、機車製造業慶豐集團。由當前越南台商的分布，反映當前越南經濟的具體變化，早已由一個廉價勞力為主的經濟體轉為世界一級戰區的越南市場。美國科技巨頭Google、Apple、Amazon均轉移生產線至越南，越南的工資平均月薪亦達三百美元以上，尤其近年美中貿易戰爆發，大量投資轉移越南，進一步帶動越南土地及工資上漲。

在全球投資湧入的同時，越南政府亦擬定各項計畫與方向，期待進一步提升越南的產業結構與可持續發展性。譬如越南政府對於原本零件自製率不足的汽車產業擬定了《二〇二五年越南汽車工業發展計畫及展望二〇三五年》計畫目標，設定二〇二〇年越南自製汽車發動機、貨車及客車變速器，並於二〇二五年前加入全汽車工業之價值鏈的目標，同時亦公告《二〇二〇年國家環境保護策略與二〇三〇年願景》，訴求減少空氣污染與污水排放，並強化環境保護與發展綠色產業。面對產業環境轉型的越南，當前企圖進入越南台商必須妥善評估自身的競爭優勢與進行客觀的市場調查，才能在激烈的競爭中存活下來。譬如國際速食龍頭漢堡王與麥當勞進軍越南失敗，但韓國儂特利（Lotteria）、菲律賓快樂蜂（Jollibee）與肯德基卻能獲得成功，顯見越南市場的競爭程度。

在一般社會大眾的認知中，台商在越南的投資是近三十年的現象，但事實上，早在日治時期，台商即以「台灣籍民」的身分，在日本的「南進政策」中持著當時做為旅行文件的「旅券」而進出東南亞地區。根據台灣總督府時期的檔案、官方文獻、茶葉公會的成員、出口資料等資訊，可以看出台灣人在日治時期活躍於東南亞的蹤跡。例如一九一八年台灣總督府即在越南成立了「華南銀行」，至一九二八年時的全球經濟大恐慌才關閉西貢、河內、海防等地的分店。昭和十三年（一九三八年）台灣籍民位於越南即有三十七名，由於該時越南為法國殖民地，對外進行出入管制，該時台灣籍民主要的活動以周金假的「福泉盛茶行」所經營的茶貿易為主。[1] 台灣出口至越南的茶主要以包

1 台灣拓殖株式会社，《本島人の南洋移民事情》（台北：台灣拓殖株式会社調査課，一九四〇）。

表2 台商對越南歷年投資統計表

單位：千美元（US$1,000）

年	件數	金額	年	件數	金額
1964	1	220	2003	15	157,369
1967	0	228	2004	22	95,128
1968	1	508	2005	41	93,932
1973	2	170	2006	29	123,736
1974	2	259	2007	24	109,282
1975	0	52	2008	31	639,325
1991	5	17,139	2009	16	242,774
1992	9	20,167	2010	11	670,118
1993	12	158,396	2011	17	457,737
1994	33	108,378	2012	24	943,997
1995	34	108,146	2013	25	1,736,479
1996	25	100,479	2014	12	646,502
1997	25	85,414	2015	22	1,227,521
1998	22	110,078	2016	27	451,930
1999	9	34,567	2017	23	683,092
2000	23	54,046	2018	65	901,411
2001	6	30,911	2019	97	914,870
2002	14	55,192	2020	64	767,435
（1952-2020）總計				788	11,746,988

資料來源：經濟部投資審議委員會（累計統計爲動態調整，非歷年統計數據加總）

種茶為主，交易對象以華僑為主，受到政治的影響，九一八事件後台灣出口至越南的茶即由一百一十八萬斤降至三十七萬斤。[2]而在一九四三年日軍進入越南以後，台灣籍民在越南的人數激增，開設公司或擔任公司、商店的傭員的人數激增，甚至為了強化自身權益，在日本駐越南當局的支持下，於越南組成台灣籍民公會。該時於北部的海防與河內的台灣籍民所組成的「紘台會」就有六十名會員，在南部西貢、堤岸組成了的「越麗會」。一九四三年，越麗會尚在越南共榮事務所召開社員大會，籌集資金與建立幼稚園，收有二十七名台灣幼童接受教育。[3]

整體而言，台灣在日治時期即有貿易往來，台灣人在大日本帝國的南進政策中亦扮演中介的角色，在東南亞與華南的經略上，台灣籍民的出現僅次於日本人，遠較朝鮮人多，台灣籍民與東南亞僑民在文化與語言上的親近性顯然是考量因素。而日本政府在一九三五年以後鼓動台灣商人至東南亞投資，固然與南進政策有關，但亦具體地於日治時期即培養了第一批台灣本地的東南亞人材，「台南州立嘉義商業學校」與「台北高等

2 陳慈玉，《台北縣茶葉發展史》（台北：稻鄉出版社，二〇〇四）。

3 林滿紅，〈日本政府與台灣籍民的東南亞投資（一八九五—一九四五）〉，《中央研究院近代史研究所集刊》第三十二期（一九九九）。

單位：百萬美元

件數百分比（%）	金額	金額百分比（%）
72.87	29,887.73	87.93
3.70	1,100.70	3.24
1.96	807.27	2.37
5.16	637.96	1.88
0.89	463.68	1.36
0.14	301.40	0.89
9.15	187.21	0.55
0.61	173.56	0.51
0.18	102.82	0.30
2.46	50.13	0.15
0.68	46.92	0.14
0.28	46.85	0.14
0.11	46.00	0.14
0.21	44.20	0.13
1.14	37.42	0.11
0.11	25.73	0.08
0.18	23.96	0.07
0.04	4.00	0.01
0.14	3.45	0.01
100.00	33,990.99	100.00

表3　我國在越南投資統計表（依產業別）（1988-2021年4月底）

排名	產業別	件數
1	加工業、製造業	2,047
2	不動產	104
3	建築	55
4	農、林、水產	145
5	運輸、倉儲	25
6	衛生、社會公益	4
7	批發、零售	257
8	旅宿、餐飲	17
9	藝術、娛樂服務	5
10	供水、廢棄物處理	69
11	資訊通信	19
12	採礦	8
13	行政服務	3
14	金融、銀行、保險	6
15	教育培訓	32
16	專業項目、科學技術	3
17	其他服務業	5
18	家庭打工人力派遣	1
19	電力、水、天然氣配銷暨生產	4
合計		2,809

資料來源：越南計畫投資部

單位：百萬美元

增（減）資金額	合資、股份購買次數	合資、股份購買之金額	新登記、增資、合資、股份購買之總額
98.78	9	7.58	607.06
0.29	2	2.38	440.58
52.65	103	129.87	239.35
4.08	20	9.38	196.64
6.88	187	88.60	126.18
25.41	21	37.45	88.15
34.89	3	1.58	80.47
-	-	-	70.00
29.60	12	16.83	66.03
15.50	24	15.16	45.46
-	1	0.05	40.05
3.73	2	2.75	31.73
18.11	6	9.24	27.35
12.75	8	11.93	25.68
-	4	3.72	19.61
-	4	3.91	13.21
-	3	2.13	13.13
-	-	-	10.00
-	-	-	5.38
-	5	3.57	5.07
5.00	-	-	5.00
-	2	0.49	3.67
3.00	1	0.19	3.19
-	1	2.96	2.96
-	5	0.84	0.84
0.14	-	-	0.35
-	2	0.28	0.28
-	2	0.22	0.22
-	1	0.20	0.20
-	2	0.17	0.17
-	1	0.02	0.02
（110.00）	2	0.35	（109.65）
200.80	433	351.86	2,058.40

表4　我國在越南投資統計表（依地區別）

（2020年1-12月）

排名	省市別	新投資案件數	新登記之投資金額	增（減）資案次數
1	海防市	4	500.70	3
2	河南省	7	437.91	1
3	平陽省	13	56.83	22
4	河內市	16	183.18	6
5	胡志明市	45	30.70	11
6	隆安省	4	25.30	10
7	清化省	3	44.00	2
8	廣寧省	2	70.00	-
9	北寧省	15	19.61	7
10	同奈省	3	14.80	3
11	藝安省	1	40.00	-
12	海陽省	4	25.25	3
13	巴地頭頓省	-	-	2
14	西寧省	1	1.00	3
15	太平省	2	15.88	-
16	平福省	4	9.30	-
17	永福省	2	11.00	-
18	南定省	1	10.00	-
19	得農省	1	5.38	-
20	河靜省	1	1.50	-
21	蓄臻省	-	-	1
22	和平省	1	3.18	-
23	北江省	-	-	2
24	芹苴市	-	-	-
25	林同省	-	-	-
26	平順省	1	0.21	1
27	茶榮省	-	-	-
28	峴港市	-	-	-
29	同塔省	-	-	-
30	太原省	-	-	-
31	慶和省	-	-	-
32	廣南省	-	-	1
合計		131	1,505.74	78

資料來源：越南計畫投資部

商業學校」則在此一時期肩負培植台灣商人的任務。在日治時期的研究顯示，台灣與東南亞的關係於第二次世界大戰前已趨熱絡，可惜隨著第二次世界大戰的爆發，台灣與東南亞各國的貿易益形困難，再加上國民政府來台後進行的戒嚴，使得台商與東南亞的往來中斷數十年之久。

總體而言，經歷近三十年的發展，台商在越南的發展與風貌已幡然不同，由點至面、由勞力密集至資本密集與技術密集、由中小企業至集團企業，台商在越南短期而急速的發展變化也反應了越南由工廠到市場的全球分工地位轉換。據此，本文將以台商在越南經略的時間跨度為經，越南在地的發展為緯，提綱挈領地描述台商在越南發展的轉型與變化。

革新政策後台商在越南之投資與發展

自一九八〇年代中期起，台灣廠商對於東南亞與中國的大規模投資開始出現，主要的投資部門集中在傳統的出口產業，包括紡織、電子、塑膠、製鞋，該時的投資動機系屬降低成本，增加國際競爭力。由於台灣從事海外投資的廠商本質上多以從事國際代工業務為主，因此台商的海外投資多有兩項特質：一方面，台商的海外投資並沒有改變其代工位置，只是將生產基地由台灣轉移到海外，台商在中國或東南亞從事投資以後，仍須仰賴綿密的跨國生產網路，換句話說，台商的海外投資國與台灣之間的雙邊貿易多半會因為台商海外投資而大幅成長；另一方面，台商投資規模以全球尺度而言偏屬中小型，缺乏跨國的金融與管理資源，因此台商投資進行投資以後必須加速在被投資國的本土化，尋求在地的金融支援以維持運作。[4]

台商在越南早期的代表產業是機車製造業與製鞋業，因此我們在描述革新政府推動早期台商進入越南的情形，機車製造業與製鞋業的發展可做為典型的代表。就機車製造業而言，在越南推動革新政策以後，台灣機車產業的「三陽」與「光陽」兩大龍頭廠商在台灣內部市場的產能已趨飽和，除了部分零組件仰賴進口外，其餘幾乎均由台灣國內

4 陳添枝、顧瑩華，〈中小企業對外投資：以台灣鞋廠在越南投資為例〉，《台商在東南亞：網路、認同與全球化》（台北：中央研究院亞太研究計畫，二〇〇二）。

廠商自製，在這種情形下，三陽與光陽兩大機車製造廠也積極謀求對外投資。台灣機車產業由於上下游的分工極為完整，形成了零件廠與機車廠分工的「中心衛星體系」，或是簡稱為「中衛體系」，這種機車廠與協力衛星工廠所構成的生產體系，在一九九〇年代台灣機車產業準備投資越南時，也構成台灣機車廠與協力零件廠共同前往越南，建立海外生產網路的成因。

一九九二年三陽機車成立「越南製造及加工出口股分有限公司」（Vietnam Manufacturing and Export Processing Co. LTD.，以下簡稱VMEP），透過提供技術與支援的方式和慶豐集團合作，在越南的河西省及同奈省，以及中國的廈門及上海等地分別從事機車製造與引擎生產。相對於已經在泰國及印尼享有規模經濟的本田（Honda）、鈴木（Suzuki）、山葉（Yamaha）等日系機車大廠，當時三陽經營越南市場，除了考量到製造成本，亦著眼於越南尚待發展的國內市場。因此在發展初期，除了要提高自製率，也希望降低零件進口關稅以壓低生產成本，VMEP在設廠以後就開始尋求台灣的十三家衛星工廠的合作，共同至越南的同奈省鹿壕三社工業區投資，將台灣既有的協力生產網路優勢移植到越南。根據周素卿與陳東升的研究，三陽機車邀請台灣協力廠至越南投資織與組織地域生產網路的方式具有高度的協調性，除了協助尋找建廠地點與投資申請程序以外，並且對於一家協力廠入股百分之九．九，以換取協力廠商零件的專屬供應。[5]進入越南的衛星零件廠雖然在市場變化之下，也逐漸與中國以從事零件組裝為主的機車廠進行合作，甚至以第二品牌的方式生產組裝車，但三陽機車在革新政策初期，以核心廠的身分帶領衛星協力廠前進越南，使得台灣的機車產業協力生產網路得以轉移到越南，反映出核心廠商在此一時期，在台灣廠商投資越南的決策上具有的影響力。

鞋業廠對於越南的投資則為另一種海外地域生產網路遷移的案例，即使成因不完全相同。台灣的鞋業自一九五〇年代開始發展以後，到了一九七六年已成為全球最大的製鞋國家，到了一九八〇年代以後，因為台幣升值、土地、勞力成本提高等因素，適逢政府開放，台灣鞋廠紛紛前往中國與東南亞投資，使台灣本地的鞋業生產體系逐漸有空洞化的傾向，在一九九〇年代末期，台灣約只剩下四百多家鞋廠，仍然有正常生產活動的估計僅有半數。以當時具有代表性的寶成與豐泰兩家上市公司為例，為了尋求生產競爭力，寶成與豐泰在開放初期紛紛前進中國進行投資。根據周素卿與陳東升的研究，寶成

5　周素卿、陳東升，〈後進者的全球化：移地的地域生產網路建構與台商在東南亞的投資經驗〉，《台商在東南亞：網路、認同與全球化》（台北：中央研究院亞太研究計畫，二〇〇二），頁七四。

在珠海、東莞、中山、黃江等地有一百三十二條生產線，而豐泰在福州、上海、莆田也有三十八條生產線。[6] 明顯地，在一九九〇年代，中國的生產線已經成為寶成與豐泰兩家鞋業大廠的主要生產據點，在採取原廠設計製造（Original Equipment Manufacturer, OEM）的生產模式下，包括NIKE、Addidas、Reebok、New Balance等全球知名的運動鞋均向寶成與豐泰兩家大廠投單，台灣鞋業在全球鞋業的重要性不言可喻。

在一九八六年革新開放以後，越南政府開放外來投資，相對於一九八八—一九八九年至中國的第一波投資，一九九二年起台灣鞋業的第二波投資則集中於越南。寶成與豐泰投資越南、印尼、墨西哥所進行的多國生產，最值得注意的地方是因應客户要求所進行的決策，主因乃在於分散生產風險與市場區隔。而企業體也會依照自身的規模來決定生產模式，譬如做為全球最大製鞋業者的寶成因規模龐大，因此在越南投資生產的地點與生產網路建構形成工業城，由集團的工程團隊進行工業區的開發，同時透過垂直整合的生產模式將協力廠安置於工業區中。在寶成於越南平鎮廠的鞋材廠區中，即有模具與發泡廠。至於規模較小的豐泰，則利用在地協力廠商來建構協力生產網路。

除了寶成與豐泰這種全球級的製鞋大廠以外，亦有不少中小型的台灣鞋廠透過成本考量、協力網路與地緣關係來決定遷移地點，譬如一九九二年以後因中國鞋類出口至歐洲暢旺，導致歐洲本土鞋業受到打擊，因此歐盟委員會對中國出口的鞋子設限，而享有歐盟一般關稅優惠的越南即因此受惠。該時於福建與廣東設廠的中大型台灣鞋廠就將眼光投向了越南，而越南政府則希望這一波投資集中至海防市，考量到海防市鄰近碼頭設施與低廉人力，不少中小規模的台商乃開始於海防周邊設廠。由於投資海防的台灣鞋廠籌措資金能力有限，一開始，台商多透過與國營廠商合作的方式，或以越南當地人頭方式承包進行「來料加工」，從事原料加工以降低生產成本。由於鞋業廠商多數來自台中、彰化地區，因在台地緣相近，彼此人脈網路綿密，在講究合作的中小企業協力網路中，常常有相互調料、借用機器，甚至在產能不足時外包生產的情形。

台商於革新時期於越南市場開拓，同時面對投資法規不明與社會調適等多重挑戰，在這種情形下，台商與在地社會的互動，亦屬值得關注之焦點。根據外交部領事局的統計，二〇〇三年發出的越南配偶依親停（居）留簽證即有一萬一千五百六十六人，其中近七成是發給越南籍配偶，可見台越之間的通婚情形在一九九〇年代以後甚為熱絡。這些台越跨國婚姻最重要的共同性，在於多數皆為透過婚姻仲介的方式進行，也

6 周素卿、陳東升，〈後進者的全球化：移地的地域生產網路建構與台商在東南亞的投資經驗〉，頁七七。

就是由台灣男性付出約三十—五十萬元新台幣的仲介費用，婚姻仲介則會安排相親與代辦結婚。這種商品化婚姻在越南當地引起相當爭議，受到越南當地政府官員的嚴厲批評，並且也被視為對於越南女性的嚴重剝削。越南省級的婦女會於二〇〇〇年時，尚因此受國際移民組織（International Organization of Migration, IOM）的贊助，在越南中央婦女會（Women Union）的指導下，於越南十四個省分進行「反婦女與兒童人口販賣之宣導活動」（Information and Propaganda Movement Against Trafficking of Women and Children）。二〇〇九年八月一日起，台灣方面也全面禁止跨國婚姻仲介的營利活動。[7]

相對於飽受批評的跨國婚姻仲介，在地台商與越南女性的關係，對於台商開拓越南市場的重要性，亦在後革新時期扮演重要的角色。根據龔宜君對於台商與在地越南女性互動的研究，解釋了一九九七年集團企業進入越南之前，以中小企業規模為主的台商企業，在申請手續繁鎖、行政效能不彰、營業項目限制仍多的情形下，為了加速生產流程，鋌而走險透過「人頭」的方式來申請經營許可。顯然地，透過人頭申請營業許可將使企業在經營上蒙受巨大風險，一旦人頭揭發非法事實，企業經營許可即可能立即撤銷，而事實上，早期進入越南市場的台商，確實有不少遭到人頭背叛而導致企業易主的實際案例。因此，為了尋找可信賴的人頭，透過人脈關係或企業內的越籍幹部擔任人頭，實為降低經營風險之主要方式。而最普遍的情形，則是與在地女性培養感情，建立婚配或男女朋友關係，降低人頭背叛的風險。長期發展下，企業甚至鼓勵台幹娶越南新娘，一方面儲備人頭資源，以利企業擴張；另一方面則有助於台籍幹部落地生根，安心在越南工作。甚至有台商鼓勵子女在越南與共黨高幹女兒婚配以建立政治關係，有利於越南投資，甚至是炒作土地。[8]

亞洲金融風暴以後的越南台商現象

一九九七年亞洲金融危機以後，東南亞經濟蒙受重大打擊，越南亦不例外。為了振

7 龔宜君，〈從屬的「越南新烺與台越仲介婚姻〉，《台灣社會研究季刊》第八十二期（二〇一一）。
8 龔宜君，〈跨國資本的性別政治：越南台商與在地女性的交換關係〉，《台灣社會研究季刊》第五十五期（二〇〇四）。

興經濟，越南政府在招商措施上出現兩項改變，一是允許外資籌組商會，以匯集外資的利益與想法。在一九九七年之前，外資要與越南政府溝通政策，個別廠商必須個別與越南政府官員會談；在一九九七年以後，包括台灣在內的六個國家可以成立商會，每年越南總理透過「越南工商會」（Vietnam Chamber of Commerce and Industry, VCCI）的安排，和投資越南的商會見面，聽取商會對於投資越南的意見。另一方面，為了在全球資金緊縮的情形下吸引外來投資，越南政府亦於一九九七年進行《外人投資法》的第三次修正，放寬外人在越南投資限制。

就當時的時空背景而言，越南政府制度化與台商之間的關係，此一作為尤為必要。該時投資越南的台資企業尚以中小企業為主，僅有少數大型企業同時投資一個以上的國家，而且台商投資中國的比例高達四分之三以上，因此妥善解決台商的困難，對於擴大吸引台商投資有實質上的意義。台商與越南政府之間的溝通走向制度化，對於台商在其後的發展有兩層意義：一方面，台灣在二〇〇〇年以後進入世界貿易組織，投資選擇增加，對於多數的台商中小企業而言，投資越南的保障增加，可提高前來越南投資意願；另一方面，而對於大型企業而言，反而必須進一步考量全球跨國生產網路的彈性生產與變遷。自一九九〇年代初期，美國的NIKE即不斷遊說美國國會，要求美國政府就美越關係正常化作出努力，直至一九九五年七月兩國建交後，《美越貿易協定》的簽署即可預期，在預期越南享有最優惠關稅待遇的情形下，寶成集團也在配合顧客的要求下投資越南，以規避美中貿易摩擦的風險。在這情形下，寶成企業在同奈的工廠於一九九四年底動工，寶元廠則在一九九六年設廠。[9]

有鑑於一九九七年以後進入越南的集團企業台商投資越南的比例提高，台商與越南政府的對口與協商層級顯然不能延用固有架構。在這個階段，越南工商會與越南勞動總工會的角色值得特別注意。越南

圖1 台商群集的胡志明市發展迅速，王文岳提供。

9 王宏仁，《全球生產壓力鏈：越南台商、工人與國家》（台北：臺大出版中心，二〇一九），頁四六。

工商會在一九六〇年代尚是越南政府外貿部的一個辦公室，到了一九九〇年代末期，轉為一個獨立的NGO組織，代表越南資方的利益，同時也提供企業相關的服務，然而做為足以安排商界與總理定期會談與提出法規修正案的「非政府組織」，越南工商會與黨國體系的密切關係昭然若揭。至於「越南勞動總工會」（VGCL）乃隸屬於「祖國陣線」之下，此一奠基於革新開放前的黨政架構，原意是透過支配型的「國家—社會」關係，以利共黨進行統治。但如同Thayler與Masina等人的研究，自從經濟改革以來，許多具有官方色彩的群眾團體所提供的服務都逐漸市場化，共黨對於社會的控制有鬆動的現象。[10] 最明顯的例子是二〇〇七年以後所出現的政治活動團體，透過網路與政治運動串連來挑戰黨國體制，儘管依照Kerkvliet的觀察，越南的政治精英尚無真正推動民主體制的現象。[11] 但如同Wells-Dang所言，愈來愈多的社會爭議與具體組織的抗爭，已反映出越南國家——社會關係的改變，而在多數的示威活動中，越南政府較少使用武裝手段進行鎮壓，多數的情形仍是逮捕帶頭的領導者或部落客為主。[12] 在這種情形下，越南的工人集體抗爭對於台商在越南的經營影響日增。

根據王宏仁對於越南工人運動的研究，越南的政府透過越南工商會與越南工會的「政—資—勞」三方協商方式來穩定勞資關係。[13] 這種統合主義模式在越南的實踐中，政府仍然在維持外來投資與政治合法性中進行微調，以維持共黨的穩定統治。二〇一四年的「五一三工人暴動」就是明顯案例，事實上，越南與中國之間的關係於二〇〇七年的反鋁土礦開採爭議後，即朝著與領土爭議相關的民族主義運發展。[14] 而中國持續性於南海區域升高商業與軍事活動，使得二〇一一年與二〇一二年持續出現反中示威。二〇一四年五月二日，中國的海洋石油九八一號深水油氣田鑽井平台移至中建島西南部十七海里處進行探勘，此一區域位於西沙群島最西南側，同時屬於越南與外國石油公司開採的碳氫化合物一四二區塊與一四三區塊邊緣，因此越南政府以《聯合國海洋公約》及

10 Carlyle A Thayer, “Vietnam and the Challenge of Political Civil Society,” *Contemporary Southeast Asia* Vol. 31, No. 1（2009）; Pietro Masina, “Vietnam between Developmental State and Neoliberalism: The Case of the Industrial Sector,” Chang Kyung-Sup, Ben Fine & Linda Weiss eds., *Developmental Politics in Transition: The Neoliberal Era and Beyond*（New York: Palgrave Macmillan, 2012）.

11 Benedict J. Tria Kerkvliet, “Democracy and Vietnam,” *Routledge Handbook of Southeast Asian Democratization*（2015）.

12 Andrew Wells-Dang, *Civil Society Networks in China and Vietnam: Informal Pathbreakers in Health and the Environment*（New York: Palgrave Macmillan, 2012）.

13 王宏仁，《全球生產壓力鏈：越南台商、工人與國家》，頁六九。

14 Jason Morris-Jung, “The Vietnamese Bauxite Controversy: Towards a More Oppositional Politics,” *Journal of Vietnamese Studies*, Vol. 10, No. 1（2015）.

《東協—中國南海行為宣言》為理據，向中國提出抗議，同時派出海警船干擾與破壞鑽機平台的設置與操作。[15] 結果越南的主要媒體與網路立即出現大量激烈的反中言論，中國企業群集於平陽省、同奈省的特別工業區，立即出現大規模示威，在胡志明市與河內市也同步出現示威。不久，巴地頭頓省開始出現破壞工廠的暴動，連帶平陽省一地就有三百五十一家各國工廠遭到攻擊，造成二十一名工人死亡、數十人受傷。[16] 一天以後，台塑的河靜鋼鐵廠也出現暴動示威與工廠破壞，中國除了工廠停工以外也進行撤僑行動。[17]

五一三暴動之後，台商展開復工，但在與越南省級官員交涉談判上，仍然只能與握有地方行政裁量權的省級官員直接交涉，但此一暴動規模超過以往，省級官員裁量權有限，包括勞動法令解釋、大規模鎮暴警察調動，都必須「上報中央」才能決定，一切協商均於由「黨中央」作主。而且在越南崛起的情形下，台商已難以撤資或轉移投資為籌碼進行談判。[18] 在這種情形下，台灣政府的角色益形重要，經濟部除了立即表示將透過單一窗口，綜理向越南政府求償事宜，台灣法務部亦表示不排除提國際仲裁。[19] 此事過後，越南國家主席張晉創至平陽省，與受害嚴重的七省進行溝通協調，台灣部分則由越南代表裴仲雲代表越南政府道歉，除了同意賠償受害台商，並且依國際承諾，針對減免土地稅、營業稅與協助辦理優惠貸款提出保證。[20]

五一三暴動後翌年的三月，胡志明市亦爆發另一場規模龐大的工人罷工，主因是政府的退休金政策修正，使得離開工作崗位的工人必須等到法定退休年齡（男生六十歲，女生五十五歲）才能提領繳交的退休保險金。這與原來的《社會保險法》五十五條規定，離開工廠一年以後可以領取退休金的方式差距甚大，胡志明市的台商工廠寶元企業的員工不滿工會之說明，在工人無法獲得滿意的答覆後，數萬名工人展開為期一週的罷

15 Nhung T. Bui, "Managing Anti-China Nationalism in Vietnam: Evidence from the Media During the 2014 Oil Rig Crisis," *The Pacific Review*, Vol. 30, No. 2（2017）, p. 174.

16 Ken MacLean, "From Land to Water: Fixing Fluid Frontiers and the Limits of Sovereign Authority in the South China/Eastern Sea," John Whitmore and James Anderson eds., *Forging the Fiery Frontier: Two Millennia of China's Encounters on the South and the Southwest*（Leiden: Brill, 2014）, p. 372.

17 Jason Morris-Jung and Phm Van Min, "Anti-Chinese Protest in Vietnam Complex Conjunctures of Resource Governance, Geopolitics, and State-Society Deadlock," Jason Morris-Jung ed., *In China's Backyard: Policies and Politics of Chinese Resource Investments in Southeast Asia*（Singapore: ISEAS–Yusof Ishak Institute, 2017）, p. 248.

18 林以君、鄒秀明，〈交涉碰交涉碰壁 台商：要撤資嗎?〉，《聯合晚報》，二〇一四年五月二十一日，A5。

19 盧沛樺、仝澤蓉，〈經濟部：台商求償政府來談〉，《聯合晚報》，二〇一四年五月十九日，A2。

20 程嘉文、劉俐珊，〈越南致歉 承諾賠償〉，《聯合報》，二〇一一年五月十七日，A1。〈社論：越南暴動曝露多少事〉，《經濟日報》，二〇一四年五月二十日，A2。

工抗議，工潮不久立即蔓延到同地區其他工廠，胡志明市平新群就有二十七家工廠，超過十萬名工人參與罷工，最後導致越南政府的讓步，同意工人在離職時可領到一筆退休金，或者在到達退休年齡時領取年金。[21]

越南持續發生的抗議事件反映了越南的國家——社會關係在經歷了長期的政治經濟變化以後，越南共產黨已理解到過往的統治模式已無法因應，除了必須微調外資與工人之間的關係，甚至在面對中國與西方的國際政治與經濟競爭，都必須展現足夠的治理能力與因應策略，才能在維持越南共黨在穩定統治與經濟持續成長之間取得平衡。[22] 而在二〇一四年以後的台商工廠中，也理解到越南社會價值的改變，原有大量聘用中國籍幹部進行管理的模式參雜了歷史情結與軍事化管理的威權，一旦越南的反中民族主義再起，越籍工人與中國幹部的衝突往往釀成傷亡。在這種持續上升的越南領土民族主義浪潮下，台資企業轉而聘請更多的越南幹部或留台生進行管理，以化解工廠內因不同族群相處所造成的管理壓力。[23]

全球供應鍊中越南的躍升與台商布局

台越雙邊經貿關係在經歷了近三十年的發展與變化，已經由單純的投資關係擴展到多元的社會關係。而在台商的國際布局中，越南的重要性持續上升，特別在近年的美中競合格局下，越南對於台商全球生產網路的重要性不言可喻。在這種情形下，台越經貿關係的規格持續上升。譬如二〇一六蔡英文總統上台宣示的「新南向政策」，越南即扮演了重要的角色。全面性開辦「新南向專案融資信用保證」，越南台商的融資金融上限放寬至兩百萬美元，集團企業之借貸戶可提高至兩百五十萬美元；同時，為了擴大融資管道，台商除了可透過越南各承辦銀行貸得所需資金外，亦可透過國內OBU（Offshore Banking Unit，境外金融中心）貸款方式取得資金，以協助台商在金援充沛下，強化前往東南亞的投資。在越南發展有成的台商，包括越南聚苯乙烯、凱勝家具（越南）、

21 王宏仁，《全球生產壓力鏈：越南台商、工人與國家》，頁八〇。
22 王文岳，〈越南反中民族主義再興的政治基礎〉，《民主與治理》第八卷第一期（二〇二一）。
23 王宏仁，《全球生產壓力鏈：越南台商、工人與國家》，頁一七六。

中譽精密工業、威信包裝工業、振泰織帶、孚思科技、長宏工業、鋒明興業、宜興國際、今立塑膠工業、佳日建築機電等十一家年營業額在五億至三十億之間的大型企業，亦自二〇一八年底開始返台申請於櫃買中心掛牌上市。[24] 據此可見台商在越南投資已由大型企業主導，越南在台商全球生產布局中趨於重要。

由於台商在台越經貿關係中的具體實力，一九九三年推動南向政策所簽署雙方投資保障協定（Bilateral Investment Agreement），在經歷二十七年

圖2 胡志明市著名地標市政廳與外國人群集的高級百貨Vincom Center比鄰而居，反映了越南經濟發展由國家與外資帶領的現狀，王文岳提供。

的發展之後，由於台商在越南投資趨向多元化，舊版的投資保障協定已不敷所需。針對新的投資標的，包括動產、不動產、智慧財產權、債券、股票、第三地投資、徵收補償、武裝衝突或內亂等項目，均需另訂保障方式，以確保越南政府能夠給予台商「即時、充分、且有效的補償」。因此，二〇一九年十二月雙方簽訂新版《雙邊投資保障協定》，建立政府與政府間的協商機制，強化對於台商的保護，並且因應台商在越南的新型投資型態，包括期貨、選擇權、衍生性金融商品均提供保障，並且新增國民待遇，確保台商獲得最惠待遇。[25]

整體而言，在越南獨特的在地文化與社會關係下，台商在管理與投資模式必須經歷調適與創新，而在全球資本主義的擴張之下，更複雜地檢視越南台商所面臨的投資、管理、族群與性別關係，實為較忠實地呈現台商做為一種社會現象的適當方式。在可預見的未來中，台商在越南的進一步融入與在地化，將是值得觀察的課題。

24 蘇秀慧、蔡靜紋，〈越南台企回流掀起掛牌熱潮：十一家拜訪櫃買中心目標四年內全數上櫃〉，《經濟日報》，二〇一八年九月二十六日，A1。

25 江睿智，〈大突破台越簽新投保協定：台商對越直接、透過第三地間接、新型態投資皆給予仲障另新增國民待遇、禁止實績要求〉，《經濟日報》，二〇一九年十二月十九日，A1。

南美洲巴拉圭的台商故事

郭忠豪／臺北醫學大學人文暨社會科學院

Hola Amigo（朋友，你好！）

提到南美洲，你會想到什麼？

或許是藍天白雲之下，成群的牛隻正在廣闊的「彭巴草原」低頭吃草的景象；或者是耳畔響起瑪丹娜主唱／詮釋的「阿根廷，別為我哭泣」（Don't cry for me, Argentina）這首歌，以及阿根廷第一夫人艾維塔（Evita）的美麗身影；或者是「世界足球賽」巴西球員靈活的腳步，宛如跳著動感的森巴舞蹈，像變魔術般地射球得分；如果是喜愛文學的朋友，拉丁美洲文學中特有的「魔幻寫實主義」令人著迷，透過現實與虛幻的交叉，勾勒南美詭譎的政治與文化。

的確，南美洲對我們來說，似乎有些熟悉卻又陌生，充滿魅惑的色彩。今天要介紹給讀者的是，位處南美洲中心的巴拉圭（República del Paraguay）以及當地的台商故事。

對於台灣來說，「巴拉圭」這個國家經常出現在世界盃以及各式足球比賽，而且成績斐然。不過對於遠在南美洲的巴拉圭而言，我們對它認識相當有限。巴拉圭地理位置正處在南美洲的中心點，因此素有「南美洲心臟」之稱。其國土面積約為四十萬六千平方公里，人口約七百一十三萬。若與台灣相比，土地面積是台灣的十倍之大，人口僅有台灣的三分之一，可謂地廣人稀。巴拉圭北鄰玻利維亞，兩國曾經在一九三二—一九三五年為了爭奪土地發生「查科戰爭」（Guerra del Chaco）。境內最大河流是流經中部的「巴拉圭河」（Rio Paraguay），東邊則有「巴拉那河」（Rio Paraná）與巴西為界，西邊則有「皮科馬約河」（Rio Pilcomayo）與阿根廷為界。

就人口結構而言，巴拉圭大致可分成三類，第一類是歐洲後裔的白種人（以德國、西班牙與義大利為主），第二類是歐洲裔與當地原住民結婚的後裔，第三種是當地原住民瓜拉尼人。人口有超過百分之九十分布在東半部，主要以城市為主，少數居住在西部地區。語言以西班牙語為主，人民多信仰天主教，少數是基督教新教，是一個以農業為主的國家。

台灣與巴拉圭的經貿關係與發展

巴拉圭是台灣在南美洲唯一的邦交國，兩國在一九五七年即建立正式的外交關係。

自從建立外交關係以來，台巴兩國在經濟與貿易上就保持緊密關係。首先是「農業方面」，一九六一年代初期台灣即派遣「農業技術友好訪問團」前往中南美洲進行長達兩個月的訪問，包括墨西哥、哥斯大黎加、哥倫比亞、秘魯、智利、阿根廷、巴拉圭與巴西等八個國家，考察稻作、土地改革、風土民情以及移民等。[1] 到了一九六二年，台灣正式派遣第一個農業示範隊（二十五位農業技術人員以及五位農業專家）前往巴拉圭，協助當地發展農業，並且為移民事宜進行準備。[2] 到了一九七〇年代，台灣農業技術團擴大業務範圍，協助巴拉圭發展黃豆、豆粉、黃豆油、小麥、牧草、檸檬、玉米、鳳梨、番茄與蔬菜等農作物的生產和運銷，同時也協助發展罐頭產業，以及成立農業實驗室進行更深入研究。[3] 到了一九九〇年代，台灣農技團也與巴拉圭當地的農校合作，在花卉、養魚、養豬、養雞、養兔、蜜蜂與水果蔬菜等方面進行合作。[4] 總結來說，在台灣與巴拉圭長時間的合作交流下，台灣農技團對當地的農業發展、果樹栽培、動物養殖與瘟疫預防等均有相當顯著的貢獻。

除了農業方面的合作外，台灣與巴拉圭兩國在政治、經濟與貿易方面也有密切聯繫。基於兩國的外交關係，歷屆台灣總統，從李登輝、陳水扁、馬英九到蔡英文總統均出訪過巴國，而巴拉圭總統和工商部長也多次來台訪問。在此情況下，兩國的經濟貿易關係穩定成長。此外，從一九六〇到一九八〇年代，巴拉圭國內幣值相對穩定，主張「自由貿易」的政策，成為台灣產品外銷的重要市場。台灣外銷產品項目五花八門，應有盡有，包括「紡織品、針織機、縫衣機、機車、電器器材、罐頭食品、文具、紙製品、各式手工藝品、大理石製品、橡膠塑膠製品、五金機械、建築材料與廚餐用品。」[5] 另一方面，台灣也從巴拉圭進口煙草、黃豆和棉花等原料，[6] 根據一九八五年

1 〈天涯若比鄰：中南美洲八國農情訪問記〉，《豐年》十一卷十期（一九六一年五月十六日），頁二三。〈天涯若比鄰：中南美洲八國農情訪問記（下）〉，《豐年》十一卷十一期（一九六一年六月一日），頁二四—二五。

2 不著撰人，〈開拓南美洲合作遠景我選派農業隊赴巴並為移民巴拉圭鋪路〉，《自立晚報》，一九六二年十一月十三日，一版。

3 不著撰人，〈中巴擴大經濟技術合作今天下午簽訂協議包括工農貿易等項〉，《自立晚報》，一九七四年八月三日，三版；不著撰人，〈中巴經濟合作協定政院會議今午通過〉，《自立晚報》，一九七四年九月五日，二版。

4 《豐年》四十二卷八期（一九九二年四月十六日），頁六八。

5 不著撰人，〈巴拉圭自由貿易區我多項產品可拓銷〉，《自立晚報》，一九六八年十一月二十八日，三版。不著撰人，〈我在巴拉圭舉行商展會展品已運達〉，《自立晚報》，一九六九年七月二十五日，三版。不著撰人，〈紡織玩具五金工具可拓銷巴拉圭外貿協會提出考察報告〉，《自立晚報》，一九七五年九月十三日，三版。不著撰人，〈我在亞松森產品展王昇大使主持揭幕〉，《自立晚報》，一九八五年三月二十二日，五版。

6 不著撰人，〈中巴擴大經濟技術合作今天下午簽訂協議包括工農貿易等項〉，《自立晚報》，一九七四年八月三日，三版。

《自立晚報》報導，「台灣從巴拉圭進口棉花高達八千三百噸。」[7] 由此可證兩國在經貿往來上相當密切。

由於巴拉圭屬於農業國家，因此國內亟需工商品進口，從一九七〇年代以降，巴拉圭經貿環境漸趨成熟，來自世界各地的商人也嗅到商機，包括阿拉伯人、猶太人、韓國人、香港人、台灣人與中國人等，紛紛前往當地進行經商與投資，主要經商的城市為首都「亞松森」（Asunción）和第二大城「東方市」（Ciudad del Este）。「亞松森」（Asunción）是巴拉圭首都，是建立在山丘上的古城，商業發達，經常舉辦商展活動，同時也有許多公司行號。

巴拉圭東南方的第二大城「東方市」（Ciudad del Este），具有非常特殊的地理位置，剛好座落在「巴拉圭」、「巴西」與「阿根廷」三國的交界處，特別是與巴西城市「伊瓜蘇」（Foz do Iguagu）僅距

圖1　東方市地圖，郭忠豪提供。

離六公里，許多巴西人都開車來「東方市」購買各種商品，再運回巴西銷售。相較於巴西與阿根廷的限制貿易政策，巴拉圭因採取「自由貿易」與「低稅政策」，商品價格較便宜，吸引許多台商和外國商人來此地開店，雖然「東方市」只有三條主要街道，但店家數量眾多且商品種類齊全，再加上地利之便，吸引巴西與阿根廷商人來此批發購物，也成為「東方市」台商的最大顧客群。[8]

巴拉圭東方市的台商故事：陳傳庚與郭汶雪

一九七〇年代以降，台灣經濟蓬勃發展，進出口貿易活絡，而南美洲的巴拉圭正在發展農業與貿易，鄰近的巴西與阿根廷發展農牧業，輕工業正在起步，因此對於民生日

7 不著撰人，〈我進口巴拉圭棉花去年達八千三百噸兩國均有意願增加今年貿易額數〉，《自立晚報》，一九八五年六月二十七日，二版。

8 郭忠豪，〈郭汶雪訪談紀錄〉，訪談時間：二〇二一年九月九日。

用品、雜貨、紡織品、五金機械、醫療用品以及橡膠塑膠品等需求量甚大。有鑑於此，不少台商千里迢迢地來到巴拉圭經商，其中陳傳庚與郭汶雪就是兩位相當成功的案例。

身高一百八十七公分的陳傳庚，有著高大強健的體格，出生於雲林縣莿桐鄉（一九四九—），他自己也沒想到，竟然會在地球的另一端，南美洲的巴拉圭居住了三十年。他一邊喝著巴西香濃的咖啡，回憶起往事。

戰後台灣生活普遍困頓，陳傳庚的家庭也不例外。父母親均是學校老師，家裡生了三個健壯男孩，每天伙食需求十分龐大，而軍公教的配給飲食數量有限，常常難以飽足。陳傳庚回憶，小學時午餐便當一打開，總是米飯加上蕃薯簽，上面再鋪著一顆淋著些許醬油的荷包蛋，就是這樣簡單的一餐。

由於父母親教職更動，陳傳庚住過台南玉井與新化，最後搬到高雄路竹。國中畢業後進入「臺南高級水產職業學校」就讀，由於學校並非以升學為目的，他每天聽著西洋音樂，高中三年的時光過得十分自由。

很早就體認自己不是讀書的料，陳傳庚高中畢業後思索人生的下一步。因為有親戚在台北經營五金行，他來到人生地不熟的台北，學習了兩年，直到家裡寄來入伍兵單，再轉赴屏東龍泉參加新兵訓練，當地的「大太陽」、「紅螞蟻」與「含羞草」，至今仍讓他難以忘記。

退伍後陳傳庚先到高雄海關工作，一九八六年，他的生命歷程有了重大轉折。當時一位高中同學先到巴拉圭東方市經商，陳傳庚掛念友人，聯絡上之後，友人告訴陳傳庚，當地商機甚大，應該過來看看。於是，去了一趟東方市之後的陳傳庚，遂於一九八七年遷居至該地經商。[9]

郭汶雪來自高雄左營，爺爺郭新喜與奶奶郭蔡葉的「起家厝」，就在蓮池潭舊城國小附近。當時「左營大路」靠近蓮池潭這邊有不少閩南式建築，多是本省人居住。左營大路的另一邊靠海，日治時期發展為「海軍基地」，戰後國民政府接收之後也繼續使用，成為台灣海軍基地所在地。

郭汶雪的家庭非常傳統，管教嚴厲的父親希望她高中畢業後去考土地代書，安穩地在家鄉過一輩子。但是，身材嬌小的郭汶雪卻有著雄心壯志，她個性積極且勇於接受挑戰，一心希望出國，探索外面的世界。在她的房間有一顆偌大的地球儀，在出國艱難的保守年代中，她轉動著地球儀，心裡想著要去新加坡？還是去美國闖一闖呢？

9 郭忠豪，〈陳傳庚訪談紀錄〉，訪談時間：二〇二一年九月六日。

圖2　東方市商店街，郭汶雪提供。

就在猶豫不決之際，透過在東方市經商朋友的介紹下，她也在一九八七年飛到了南美洲巴拉圭。離開台灣前，汶雪的父母相當不捨，但汶雪告訴自己，再怎麼辛苦艱難一定要克服，努力闖出一番事業。

今天大家只要備妥護照，訂好機票，隨時可以搭飛機出國旅行。然而，一九八〇年代出國非常困難，需要申請許多文件，當時沒有「觀光護照」這回事，必須由國外出示應聘資料，還要有出國擔保人等多項資料。此外，當時旅行資訊與飛機航班也不若今日方便，特別是從台灣到巴拉圭，這趟行程可說是地球上最遙遠的飛行距離之一。

當郭汶雪辦好前往巴拉圭的資料後，搭飛機出國的日子一天天接近，她很高興自己終於要離開苦悶的台灣了。雖然東方市與台灣的距離實在遙遠，但如此距離從未讓郭汶雪怯步。出發當天她來到桃園中正機場，先搭飛機到日本東京，再從東京轉機至美國洛杉磯，之後搭飛機到巴西聖保羅，再搭機到巴拉圭首都亞松森，最後再搭七個小時左右的巴士，終於抵達東方市。從台灣出發，足足需要兩個整天的旅程。郭汶雪卸下行李，準備迎接未來種種的挑戰。[10]

10 郭忠豪，〈郭汶雪訪談紀錄〉，訪談時間：二〇二一年九月九日。

巴拉圭台商的挑戰

陳傳庚與郭汶雪初抵東方市，靠著朋友的協助安頓下來，之後忙著找店面、學習西班牙語與葡萄牙語，尋找供貨的管道等，生意逐漸步上軌道。郭汶雪回憶，一九九〇年代生意非常好，早上八點開始營業後，來自巴西的批發商就蜂擁而入，人潮絡繹不絕，一直到晚上十點打烊，店內還有很多顧客，要用「趕」的，才能拉下鐵門。

為何巴西批發商如此眾多？當時巴西管制進口商品很嚴格，本身又不生產民生用品，因此許多商人從巴西越過一條「巴拉那河」（Río Paraná），就到東方市來採購，然後再回去巴西販售。然而，台商必須注意的是，當時巴西貨幣不穩定，幣值一日數變，因此每天的收入必須在隔天趕緊兌換成美金，以免幣值波動造成損失。

經過幾年的摸索，陳傳庚與郭汶雪逐漸了解當地的市場生態與經營法則。到了一九八八年底，他們自己當起進口商，從台灣進口許多玩具、文具、百貨日用品、計算機與化妝品等進行販售。他們必須隨時注意貨櫃的行程，何時從台灣出發，何時抵達港口。船隻的貨櫃抵達後，又必須聯絡當地公司將貨櫃拖到東方市海關進行報稅。有時受制於氣候、海運狀況與人為因素等，貨櫃商品比原訂時間晚到，此時店家暫無貨物出售，只能提早休息並向顧客說聲抱歉。

一九八九年，當陳傳庚與郭汶雪在東方市穩定下來，積極衝刺之際，發生了一件令人膽戰心驚的事件——「軍事政變」。在西方帝國主義的影響下，南美各國受到西班牙帝國的殖民統治，唯一的例外是巴西，被葡萄牙殖民統治，這些國家到了十九世紀紛紛獨立。然而，獨立後政權基礎並不穩固，不同黨派之間為了奪權，經常發動政變，巴拉圭也是如此。一九八九年二月，當時擔任巴拉圭陸軍第一司令的安德列斯·羅德理格斯（Andrés Rodríguez Pedotti）進行政變，推翻長期執政的獨裁者阿佛雷多·史托斯那爾（Alfredo Stroessner Matiauda）政權，開始實施民主政治。郭汶雪在半夜接到朋友從首都亞松森打來電話，才知道巴拉圭發生政變，情況相當緊張，當時許多台商連夜離開巴拉圭，轉往其他國家避難。不過，陳郭兩人決定先觀察幾天，所幸，在新總統的公開演講之後，巴拉圭政局逐漸穩定，新總統也宣示國家往民主轉型道路前進，聽到這些消息後，他們才決定繼續留在東方市經商。[11]

11 郭忠豪，〈陳傳庚訪談紀錄〉，訪談時間：二〇二一年九月六日。郭忠豪，〈郭汶雪訪談紀錄〉，訪談時間：二〇二一年

到了一九九〇年代，從台灣與中國進口百貨商品的生意日趨競爭，善於零機應變的郭汶雪針對市場進行調查，發現「五金商品」的需求增加，因此決定轉型，改以進口「五金類商品」為主。正好，五金商品對於陳傳庚來說駕輕就熟，年輕時曾在台北親戚開設的五金行工作過，對其商品種類、材料、價格、管理與出貨等流程相當熟悉。

在眾多五金商品中，「大鎖類」尤其受到巴西客人的青睞，主要原因有二：第一，巴西房屋多有庭院，而庭院鐵門或是柵門在夜晚時需要上鎖。第二，有些地區治安不佳，因此房屋、倉庫、店家與各種場所均需要鎖類用品。在此情況下，以鎖為主的商品（大鎖、門鎖以及各種防盜系列）熱賣，郭汶雪看準商機，將自己進口的鎖類商品進行註冊，成為一項成功的投資。

除了政治環境的變動外，另外一個讓東方市台商相當害怕的事件，是從一九九〇年代起層出不窮的黑幫勒索問題，更驚訝的是，這些黑幫成員並非當地人，而是由不肖的台灣人與中國人所組成。誠如所知，海外台商努力經營，累積資本後，可能引起當地黑幫覬覦，發生威脅、搶劫甚至槍殺等事件。當時許多東方市的台商均收到黑幫的恐嚇電話，威脅交出一定數額的保護費，否則將對其不利。

遭恐嚇的台商雖然向東方市警方報案，但因為警方對於黑幫成員並不熟悉，導致恐嚇事件持續發生，尤以一九九四－一九九六年最為嚴重。許多台商眼見事情無法處理，紛紛離開東方市，轉向美國與加拿大發展。此時「中華民國駐東方市總領事館」召集台商領袖與「中華會館」共同討論，協調如何處理，而富有正義感的陳傳庚挺身而出，他向台商募款，並積極與巴拉圭當地警方合作，特別成立「掃黑小組」，積極抓拿黑幫分子。在台商與當地警察合作下，終於澈底解決幫派問題。事後台商們檢討，一致認為在外經商應該多團結，遇到問題要互相幫忙，如此才能使經商環境愈來愈好。

圖3　鎖具類的商品頗受巴西客人青睞，郭汶雪提供。

九月九日。

東方市的「中華會館」與華人組織

當移民來到海外，受限於語言、資金以及對當地的了解有限，多會出現群聚的現象，例如美國紐約就是一個典型的移民城市，曼哈頓的下城有「中國城」（China town）與小義大利（Little Italy）、中城有韓國城、上城有西語裔的迦勒比海社區，皇后區也有小印度與東南亞社區，布魯克林也有小波蘭等。

十九世紀以降，華人從廣東地區來到北美淘金與建造鐵路，陸續在加州不同地區成立中國城，城內也有區域性的「台山會館」、「恩平會館」、「開平會館」與「新會會館」，以及屬於公眾性質的「中華公所」。台灣移民在北美也成立同鄉組織，例如洛杉磯的「蒙特立公園」（Monterey Park）聚集許多台灣移民，素有「小台北」之稱，當地也有「台灣會館」。美國東岸紐約的「法拉盛」（Flushing）過去也是台灣移民聚集之地，也有「小台北」之稱，當地也有「台灣會館」。這些公所或是會館，除了承繼早期移民者的精神外，也具有凝聚社團向心力的作用，是海外華人相當重要的社團組織。

就巴拉圭東方市而言，一九七〇年代初期香港人已來此經商。到了一九八一年，在華人王華藻推動下成立「中華會館」，全名是「巴拉圭東方市中華會館」（Asociación China en Ciudad del Este），成為當地華人最早的社團組織。陳傳庚在一九八七年九月來到東方市之後，除了經商外，認為台商在海外應該多合作才能發揮力量。秉持古道熱腸與服務眾人的精神，從一九九〇—一九九六年期間，他先擔任「中華會館」的祕書長，熟悉組織運作。爾後，從一九九六—一九九八年以及二〇一二—二〇一六年擔任理事長，這段時間正好是東方市經濟蓬勃發展的階段，且台商人數大量增加，陳傳庚也積極地幫助台商解決各種問題，成為大家敬重的社團僑領。

陳傳庚與郭汶雪強調，「中華會館」的服務項目包羅萬象。在商業方面，提供台商法律諮詢，解決商業糾紛，同時也邀請台商分享經商過程；在庶務方面，提供各種生活資訊，包括醫療保險、生活指南、旅遊地點以及交通理賠等；在推動政令上，提供台灣政府工商業訊息與各種協定，幫助台商發展商務以及協助轉型；在宣慰台僑上，舉辦節慶晚會以及聯誼活動，促進台僑凝聚共識以及對台向心力；在對外交流上，提供當地醫院醫療贈品（溫度計、口罩以及救護車），提升警消設備，並舉辦台灣文化活動，包括美食（包粽子與賞月）以及農曆新年的舞龍舞獅，加強台巴兩國的文化交流。陳傳庚強調，與當地政府與民間社團保持良好關係相當重要，萬一台商發生緊急事件，才能獲得當地的援助。[12]

資訊交流也是會館重要的服務之一，早期海外移民多藉由報章雜誌與會訊互通往來，不少會館與公所均有自己刊行的會訊，可以了解人事、政令與商業組織等，日後也成為研究海外華人重要的史料。此外，對老一輩的台商而言，透過報紙了解當地消息與世界新聞相當重要，例如北美的華人社群有「世界日報」。

圖4　國慶酒會，郭汶雪提供。

其實巴拉圭東方市也曾發行一份重要的華文報紙，創辦人就是台商陳傳庚，當事業步向軌道後，他也思考如何讓當地台商社團有一份華人報紙，提供當地各種消息，因此在一九九一年九月三日，在東方市創辦了《傳薪日報》，提供台灣新聞、東方市新聞、南美洲與世界新聞，讓當地華人更了解各種訊息。不過，隨著網路的發達與社群媒體的增加（Line, Facebook, WeChat, Twitter），二〇一四年，東方市唯一的華人報紙《傳薪日報》也停刊了。

從一九九〇年代後，由於東方市的台商數量增加，除了「中華會館」之外，也有不少華文社團與學校的成立，例如「中華民國旅巴拉圭台灣商會」（一九九五年）提供商業諮詢、「中山僑校」提供學習英文、西班牙文、葡萄牙文與中文的機會。另外，由「巴拉圭華人慈善基金會」創辦的「康寧醫院」，提供當地人更好的醫療服務。在宗教組織方面，目前有「慈濟基金會」巴拉圭東方市聯絡處、巴拉圭「佛光山」禪淨中心與巴拉圭東方市基督長老教會。

12 郭忠豪，〈陳傳庚訪談紀錄〉，訪談時間：二〇二一年九月六日。郭忠豪，〈郭文雪訪談紀錄〉，訪談時間：二〇二一年九月九日。

台商的轉型與鼓勵前往中南美洲發展

商業活動瞬息萬變，經商方式必須與時俱進，配合當地潮流改變，陳傳庚與郭汶雪大約每五年左右，就會進行一次市場調查，了解市場趨勢與顧客的消費模式。當百貨與五金商品經營一段時間後，他們積極尋找新的商品項目，後來發現巴西北部盛產寶石原礦，遂於二〇〇三年轉向寶石方面經營。他們將尚未研磨成寶石的原礦進口到廣州，由當地工廠進行製作切割，再將成品運到市場出售。巴西寶石種類相當多元，例如大家熟悉的「祖母綠」、「貓眼石」與「紅溫石」等，既可做為衣服的飾品、居家擺設的飾品以及項鍊、手環等，具有美觀、聚財與趨邪之功效，甚受華人喜愛。

郭汶雪回憶起在巴拉圭東方市數十年的生活，有辛酸艱苦，但也有歡喜收穫。她受邀在許多場合演講時多強調：雖然台灣與中南美洲距離千里之遙，但當地有許多創業機會，值得年輕世代前往探索。她認為台灣人的生意頭腦很靈活，工作態度積極，來到當地經商大有可為，此外，現今學習西班牙語相當方便，例如淡江大學、輔仁大學、文藻外語大學與靜宜大學均有西班牙語文學系，也提供商業人士進修的課程。另外，台灣諸多邦交國家均在中南美洲，也有利於創業與投資。目前中南美洲每個國家均有台商，並成立台灣商會互相幫助，每兩年或三年也會舉辦大型的區域性會議，讓台商彼此交流，成為鞏固台灣在海外的商業與文化力量。

郭汶雪回想自己的成長過程與從商經歷，雖然她並非學業頂尖的學生，但樂意接受各種挑戰，喜愛學習新知識和語言，這些養分成為她日後經商成功的重要因素。她認為經商之道在於誠信、堅持、負責以及目標導向，希望鼓勵更多台灣年輕世代，秉持冒險奮鬥的精神，勇於到海外創業，讓世界看見台灣的商業實力。

「去中國化」的折衷和秀異

法國台灣小酒館族裔經濟

楊豐銘／馬來西亞泰萊大學飲食研究暨美食學學院

認同感、話語權，與族裔差異

根據二〇二〇年九月《僑務統計年報》刊載，歐洲地區有台灣僑民四萬九千人，占全球台僑人口百分之二．四，其中以法國台僑一萬兩千人最多，英國台僑一萬一千人居次。[1] 法國是台灣在歐洲重要的外交與貿易據點不言而喻。相較於國民黨執政時代，台法關係自二〇一六年蔡英文總統上台以來，以及駐法代表吳志中的奔走之下，變得相當熱絡，媒體上耳熟能詳的事蹟有法國參議院全數通過「台灣參與國際組織工作決議」、法國參議院代表團訪台、歐盟議會高票通過「歐盟台灣政治關係與合作決議」並且提議將歐盟駐台經濟貿易處更名升級為歐盟駐台灣辦事處……。

這波支持台灣主體性的友好行動，對於法國的台商們意義非凡。近十年來，巴黎有批來自台灣的中小企業主，他們有別於早期台灣製造業大廠在法國設立分公司的低調，積極強調台灣人的身分，致力行銷台灣的國家形象。這個現象尤其在餐飲業更為明顯。他們大膽地以自身的經驗出發，詮釋所謂的台灣料理，仿效當地人習慣的小酒館（bistro），即結合咖啡廳和酒吧放鬆自在的氣氛、菜單有特色不媚俗的經營模式。

人類學家李維斯陀曾說過很少有東西能夠像食物那麼讓人深刻地感觸到族群和身分的問題。這群新興的台商除了想要藉由食物在海外彰顯個人對國家的認同感，還希望以台灣餐館（restaurant taïwanais）的名義，遠離中國餐館（restaurant chinois）就等於亞洲食物的刻板印象，以及背後數不清的歧視，像是著名的「餃子公寓」（appartement ravioli）——法國公立電視二台France 2報導偷渡客在衛生堪慮的住處製作水餃賣到中國餐廳的現象，在華語界掀起的軒然大波——等等醜聞[2]，試圖未來在法國的族裔飲食消費市場上占有一席之地。「中餐館也賣珍珠奶茶、牛肉麵、刈包，但是我們得拿回自己食物的話語權！」一位業者憤慨地說。縱使台灣業者們有強烈的使命感，但是筆者從當地一般消費者的角度觀察到，台灣餐廳或中國餐廳在他們的眼中，仍有極大的相似性，煎、煮、蒸、炒、或炸的氣味皆是來自遙遠東方異國風情的表現。巴黎有二萬家標榜亞洲食物的餐館群裡[3]，中國餐廳是大宗，台灣餐廳是小眾。台灣意識強烈的巴黎台商們，如何兼顧政治傾向與商業發展，跟中餐館作出區分？

1 https://www.ocac.gov.tw/OCAC/File/Attach/313/File_245373.pdf
2 https://www.dailymotion.com/video/xeiu55
3 https://www.lhotellerie-restauration.fr/journal/restauration/2019-03/le-renouveau-de-la-restauration-asiatique-en-france.htm

本篇文章嘗試在上述的跨文化脈絡裡，了解這一群呼應時下國族意識的台商們，是否如社會學者克里什寧杜．雷伊（Krishnendu Ray）在《族裔餐廳》提到，移民善用原生國家在僑居地的圖像與象徵，做為一種商業手段，進一步提升食物在當地社會文化脈絡背景下既定的「味道階序」（hierarchy of taste）。在法國一般人的眼中，中國的名氣遠勝於台灣，台灣被忽略的處境恰巧是區隔中國的客觀切入點，也是Ray談到在大都會的環境裡，異國餐廳競爭下脫穎而出必備的「族裔差異」（ethnic difference）論述、涵義、以及特徵。[4] 在中國餐館四處林立的法國社會裡，這會是一種利多的族裔經濟策略？這批在海外打拚的巴黎台商將把台灣的國家形象經營到哪個境界？

第一代（類）法國台商：低調、遠離人煙的台灣大廠分公司

台商研究（Taishang Studies）原指東亞、南亞地緣政治脈絡之下、往來於台灣與中國海峽兩岸之間的商業移民，是一個地域性非常強、無法放諸四海的概念。[5] 例如二〇

二〇年Covid 19爆發時引起的台商包機潮，這裡的「台商」很明顯地就是旅居中國與東協各國的台商。另一個重要的台商區塊，乃是地緣政治上跟台灣關係密切的日本與美國。放眼全球，亞洲與美洲以外也有台商出沒的足跡，但是產業規模與人口數量跟南（東）亞、北美等地的台商相較下不顯眼。然而，現今國際政經情勢詭異，「典型」地區台商的情勢起起伏伏，「非典型」地區台商的動向更值得我們關注，在未來不失為一種新契機和轉機的參考值。

法國台商即是這類非典型地區台商的代表之一，歷史不長，以製造業為主軸。根據經濟部投資審議會二〇一九年的公開資料〈歐盟各國與我國雙向投資情況〉，台商投資法國始於解嚴後的一九八八年。三十年來，法國台商發展細水長流、緩步增加，一九八八—二〇一八年共五十九件投資。涵蓋宏碁、華碩、長榮、捷安特、友訊科技、技嘉科技、兆豐銀行等知名企業。依業別分類，以批發及銷售業二十七件和製造業二十六件（化學材料、塑膠製品、非金屬礦物、電子零件組件、電腦、電子產品及光學

4 Krishnendu Ray, *The Ethnic Restaurant*（New York: Bloomsbury, 2016）.

5 Gunter Schubert, Lin Rui-hui and Jean Yu-Chen Tseng, 2016, "Taishang Studies: A Rising or Declining Research Field?", *China Perspectives*, 1（2016）.

PRINCIPAUX PAYS D'ORIGINE DES INVESTISSEMENTS ÉTRANGERS EN FRANCE EN 2020

	PROJETS				EMPLOIS			
PAYS	2020	2019	VARIATION	PART	2020	2019	VARIATION	PART
États-Unis	204	238	-34	16.8%	8286	7886	400	24%
Allemagne	201	228	-27	16.5%	3938	4946	-1008	11.4%
Royaume-Uni	120	173	-53	9.9%	5459	5927	-468	15.8%
Italie	94	118	-24	7.7%	1139	2199	-1060	3.3%
Pays-Bas	84	63	27	6.9%	1173	1590	-417	3.4%
Belgique	54	74	-20	4.4%	1437	1058	379	4.2%
Chine	53	65	-12	4.4%	1697	1364	333	4.9%
dont Hong-Kong	8	7	1	0.7%	216	62	154	0.6%
Espagne	49	45	4	4.0%	1189	1717	-528	3.4%
Suisse	46	76	-30	3.8%	2390	2290	100	6.9%
Japon	42	57	-15	3.5%	1244	952	292	3.6%
Canada	35	51	-16	29%	1648	1584	64	4.8%
Danemark	30	28	2	2.5%	480	698	-218	1.4%
Suède	30	35	-5	2.5%	658	775	-117	1.9%
Irlande	15	10	5	12%	457	376	81	1.3%
Autriche	13	20	-7	11%	112	289	-177	0.3%
Turquie	12	10	2	TO%	174	518	-144	0.5%
Luxembourg	11	23	-12	0.9%	141	759	-618	0.4%
Singapour	9	8	1	0.7%	130	83	47	0.4%
Inde	9	18	-9	0.75%	496	357	139	1.4%
Tunisie	8	7	1	0.7%	194	157	37	0.6%
Norvège	7	9	-2	0.6%	188	131	57	0.5%
Maroc	6	7	-1	0.5%	40	113	-73	0.1%
Corée du Sud	5	8	-3	0.4%	147	245	-98	0.4%
Brésil	4	8	-4	0.3%	23	54	-31	0.1%
Chili	4	3	1	0.3%	44	38	6	0.1%
Côte d'Ivoire	4	3	1	0.3%	86	20	66	0.2%
Finlande	4	10	-6	0.3%	79	315	-236	0.2%
Grèce	4	0	4	0.3%	45	0	45	0.1%
Portugal	4	6	-2	0.3%	31	357	-326	0.1%
Taïwan	4	4	0	0.3%	41	55	-14	0.1%
Autres	50	53	-3	4.1%	1401	2889	-1488	4.1%
Total général	1215	1468	-253	100%	34567	39542	-4975	100%

圖 1　法國2020年《外國企業投資年報》排行榜，台灣排名31（粗黑底線處）中國第7、日本第10、新加坡第18、印度第19、南韓第23。

製品、電力設備、機械設備）為大宗，另外還有資訊與通訊傳播業三件、金融保險業一件、科技術服務業一件、其他服務業一件。[6] 台商在法國的外商族群裡是小眾。法國財政部二〇二〇年的《外國企業投資年報》指出，台商只占外國投資總額百分之〇．三。目前有四十多家台灣企業在法國設立子公司，約一千五百名僱員，依序是美達工業一千人、日月光半導體旗下環旭電子併購法國廠商Asteelflash之後的八百人、東台精機一百—一百五十人、宏碁一百—一百五十人、華碩一百人、喬山健康科技五十—一百人。[7]

整體來說，台灣對法國的貿易關係非常低調、晚近，規模不大，投資策略是以法國做為經營歐盟、東歐、北非等地區市場的試金石與跳板。其次，台商經營的項目集中在製造業，其廠房或駐點分布在三個區域：北部的法蘭西島省（Ile de France，即大巴黎地區）、南部的普羅旺斯阿爾卑斯蔚藍海岸省（Provence-Alpes-Côte d’Azur）、東南部

6 https://www.moeaic.gov.tw/news.view?do=data&id=1361&lang=ch&type=business_ann

7 Business France, 2021, *Bilan 2020 des investissements internationaux en France*, pp. 130-131.https://investinfrance.fr/wp-content/uploads/2021/03/Bilan-des-investissements-internationaux-en-2020-2.pdf

的歐西塔尼省（Occitanie）等遠離人煙的工業地段，[8]而不是在街頭巷尾可以接觸到的服務業。

台商在法國社會裡是默默耕耘的外商，辨識度和能見度不高。法國台灣商會所屬的「歐洲台灣商會」（ETCC, Council of Taiwanese Chambers of Commerce in Europe）成立於一九九四年，是一個強調「來自台灣、認同台灣」之歐洲各國台灣商會聯合組成的民間非營利工商組織。[9]不過在產官界之外少為人知，甚至會被誤認為「歐洲在台商會」（ECCT, European Chamber of Commerce Taiwan）。在google鍵入台灣商人（或企業主）的法語commerçants /entrepreneurs taïwanais，出現的訊息泰半是台灣文化部、外交部、或交通部觀光局向對國外友人友邦的宣傳，是指台灣本土的商人，而不是在法國當地的台商。筆者多年前在巴黎進行一項攸關台法跨國婚姻與家庭研究的時候[10]，就親自多次耳聞台灣僑胞「抱怨」台商的低調：「我來法國，求學加上工作也有十幾年了，中國商人，也就是華商，跟其他國家一樣，到處都是。也認識來自越南、寮國、柬埔寨，French Indochina嘛，講中文的。但是台商真的很少，似乎只碰過兩次。第一次是在駐法代表處舉辦的國慶宴會上，聽到自稱做生意的台灣人。另一次是在台灣買的ASUS電腦突然壞掉，找維修的時候，發現在法國也有駐點。」值得一提的是，台灣與法國之間的貿易關係長期以來屬於「逆差」的情況，台灣進口來自法國的物件，遠比台灣出口到法國的物件，還要可觀。[11] 因此，台灣的法商在日常生活當中到處可見，譬如家樂福超市。反觀法國台商的「日常性」非常不明顯，如上述台僑所述，特別時機才發現他們的蹤跡。

第二代（類）法國台商：高舉台灣旗幟、藏身市區的餐飲業者

第一代法國台商的作風低調，除了所屬的職業特性，背後更涉及到台灣的國籍與台

8 法國在台協會二〇一一年的資料 https://france-taipei.org/Implantations-taiwanaises-en。

9 https://www.etcc.tw

10 楊豐銘，〈巴黎台法聯姻夫婦餐食：台灣菜在跨國戀情裡的飲食交流與傳播〉，林開忠編，《遷徙與地域飲食文化的形成》（台北：中華飲食文化基金會，二〇一三），頁三五五—三八〇。

11 吳玉瑩，〈臺法產業合作及法商來臺投資潛力領域〉，《經濟前瞻》一七九期（二〇一八），頁一一一—一一六。

灣人的身分長期被法國社會否定的大環境。

法國於一九六四年跟中國建交，是第一個承認中國的歐美國家。不僅外交上親中國，政府資料與人口學忽略台灣的存在，國內民風也挺「一個中國」。法國家喻戶曉的拉魯斯百科全書（Encyclopédie Larousse）電子版是如此定義台灣的：「被中國視為第二十三個省，自一九四九年以來一直以中華民國的名義由自己的政府管理」。[12]

這裡的台商經常被歸類為華商。受訪者紛紛表示從前在台灣上法語課的時候，老師在教如何自我介紹國籍的時候，經常建議說「源自中國的台灣人」（taïwanais（e）d'origine chinoise）。因為這些老師旅居法國留學的期間，台灣能見度很低，大都以中國人自居，但是又想凸顯自己的出生地，所以「源自中國的台灣人」不乏為一種折衷的身分。受訪者也透露剛到法國的時候，文憑、居留證等官方文件上的國籍欄雖然是「台灣」（nationalité taïwanaise），但是常常被附上「中國的」（chinoise）、「中國一省」（provance de la Chine）的括號與附註。受訪者另外補充近年來台灣意識高漲，法國政府也注意到這個細節部分，添加「中國的」或「中國一省」的標記和足跡，也漸漸有所改善。身分證上國際欄的用詞變遷，再再反映了台商之所以成為（或被認為是）台商，卻是近年來的現象罷了。

台灣國籍不被法國政府承認、台灣人身分被法國官方錯置的過往導致台商的定義不明。法國歷史學者Claire Zalc在《融合商家：法國外籍商人史》，這本細述巴黎外國商人社群變遷的重要著作裡完全沒提及台商（胞）。[13] 甚至到了二〇二二年，還有某位法國總統候選人在電視上誤稱台灣屬於中國，錯把台灣當作「一國兩制」（un état, deux systèmes）的香港，更把台灣（Taïwan）唸成泰國（Thaïland）——兩個國家的法語發音的第一音節Taï與Thaï非常相似，但是為什麼不是把泰國當成台灣？潛意識把台灣矮化成一個地名，而非尊重一個國名——的尷尬。[14] 過去幾年台灣因為抵抗Covid-19有成，頻頻登上法國各大報章電視媒體。超過二十九萬閱覽人次的Youtube 頻道《法國的十萬個為什麼pourquoi la France》做了一個在巴黎市區令人莞爾的街訪實測，想知道在如此高曝光率的情況下，法國人是否更了解台灣。然而在這個短片中，大多數受訪者仍搞不清台灣的地理位置，經常跟東亞（中國、日本、韓國）與南亞（泰國的國家搞混，

12 https://www.larousse.fr/encyclopedie/pays/Taïwan/145805，原文為"Considérée par la Chine comme sa 23e province, Taiwan est administrée de fait, sous le nom de république de Chine, par son propre gouvernement, depuis 1949"。

13 Claire Zalc, *Melting Shops: Une histoire des commerçants étrangers en France*（Paris : Perrin, 2010）.

14 https://www.facebook.com/watch/?v=364422078557186

或者需經由採訪者的強烈提示，才得知有關台灣的少數片面訊息，像是珍珠奶茶的發源地、比中國民主的地方。[15]

有別於第一代台商是被台灣製造大廠調派空降至歐洲拓展商機的外僑（expatrié），第二代法國台商有著截然不同的背景。他們曾是在法國求學的台灣青年，或是法籍人士的台灣伴侶，決定（或被迫）留在法國工作生存。二〇〇〇年陳水扁當選總統對新一代法國台商有很深的影響，啟發潛在的台灣意識。這不意味主張台獨，但不允許被視為是中國人。由於台灣在歷史上的

RÉPUBLIQUE FRANÇAISE
MINISTÈRE DE L'ÉDUCATION NATIONALE

DIPLÔME D'ÉTUDES EN LANGUE FRANÇAISE (DELF)
1er Degré

Le ministre de l'Éducation nationale de la République française
atteste que :
Monsieur [redacted]
né le [redacted] à Kaoshiung (TAIWAN)
de nationalité CHINOISE (TAIWAN)
a satisfait aux épreuves des quatre unités de contrôle du Diplôme d'Études en Langue Française 1er degré, et devient titulaire de plein droit de ce diplôme.

Fait à Sèvres, le 11/07/2000
Pour le ministre de l'Éducation nationale
et par délégation :

N° de candidat : [redacted]

圖 2　台灣人執有的法國文憑的國籍欄曾是「中國的台灣」（nationalité CHINOISE (TAIWAN)），受訪者提供。

特殊地位，台商（胞）不管在私底下或公開場合裡，歷年來在國籍身分上吃了許多的被否認、混淆、或更改的悶虧。筆者在田野調查的時候，不知道看了多少次台灣店家們，跟搞不清楚台灣與中國差別的客人據理力爭的場面。他們做的是台灣話所謂的小本生意，按照法國國家經濟與統計研究所（Institut National de la statistique et des études économique）的定義，是員工人數不超過十人、年營業額低於兩百萬歐元的「微型企業」（microenterprise，簡稱MIC）。這群三十—五十歲的新興台商法語流利、喜歡與人接觸，選擇駐紮市區的餐飲業做為他們的創業起點。是積極融入日常生活地景，展現「接地氣」的台商。

討厭被當作中國人的第二代台商，有兩個彰顯台灣人身分的商業策略，一是地段的選擇，二是菜單的設計。

15 https://www.youtube.com/watch?v=xsjbi1fgMWU

遠離「華人」、靠攏「日韓」的策略

這批二〇〇〇年後遠赴法國討生活的台灣籍餐飲業者，不滿長期被當作中國人，努力隔離（或擺脫）這個不自在的身分，嘗試積極建構以台灣人經驗出發的生存模式。台灣人的身分在法國社會的框架裡是非常小眾、少被關注的，然而，這群台商借力使力，這個看似弱勢、被漠視的族群圖像，恰好可以做為市場區隔的手段和利基，幫助少數的台灣餐廳從龐大的中國餐廳群脫穎而出。中國餐廳在法國是代表泛亞洲食物的餐館，遍地開花。由於它無所不在，代表的是平價親民的異國料理。Claude Fischler是法國社會科學領域裡研究飲食議題的代表性人物，他的文章〈食物、自我和認同〉（Food, Self and Identity）被引用高達兩千多次，Fischler曾說：「我最喜歡中國餐廳的地方，就是他們會微笑。他們食物一般，價錢也一般，但就是讓人感到親切，還想常常光臨。」如何讓一間台灣餐廳不被誤認為中國餐廳，首要之務就是遠離所謂的「華人商區」（quartier chinois）。所謂「華人商區」，意指某些區域「以華語族群為主的經濟活動跟其他區域比起來相對頻繁、密集」。我們不直稱「華人區」，而是「華人商區」，代替的原因是它不同英文裡的「中國城」（Chinatown）一詞具有美國境內種族隔離（ségrégation raciale）的歷史背景與和「社群主義」（communautarisme）的實踐概念，也就是一個宗教或民族團體在某個固定的環境內構成自給自足的生活系統（autarcie）。[16] 歷年來眾多文獻顯示，眾多操華語人士在這邊交易，卻不是住在當地。巴黎的華人區（或其他具有特定族裔的區域）是一個商圈的概念，而不是一個生活社區。根據筆者的田野調查，「華人商區」是巴黎最大的族裔經濟區域，依循涵蓋巴黎二十個區的地鐵圖，有九個區塊：

1. 十三區avenue d'Ivry、avenue de Choisy、boulevard Masséna三條路圍起的Triangle de Choisy三角商圈，
2. 十九區環繞Belleville與Crimée地鐵站的十字路口，
3. 二區Sentier地鐵站周遭巷弄的成衣加工坊，
4. 三區Art et Métier地鐵站鄰近的溫州小館，

16 關於法國華人商區與美國中國城的比較，參考法國華人移民的經典之作：Michelle Guillon & Isabelle Taboada Leonetti, *Le Triangle de Choisy : un quartier chinois à Paris*（Paris: L'Harmattan, 1985）。

5. 十八區Marx Dormoy地鐵站東西側的店鋪，
6. 十一區Popincourt-Sedaine二街周圍的服飾店群，
7. 十二區Montgallet地鐵站的電腦街，以及Gare de Lyon東邊附近Ilot Chalon（已消失的首處華人區，曾是小玩意飾品大宗批發地）一次大戰華人兵工紀念牌。
8. 在地鐵七號線北端底站經過的Aubervilliers、La Courneuve與區域快鐵RER E號線出市區的首站Pantin等市鎮，華人蹤跡也增多。[17]

避開華人區開餐廳的台商，落腳何處?他們卻靠近另一個東亞族裔經濟的區塊，即鄰近巴黎第九區歌劇院大道（avenue de l’Opéra）旁的聖安妮街（rue Sainte-Anne）巷弄的「日韓商區」（quartier japonais/coréen）。[18] 巴黎有許多著名的族裔經濟區塊，像是四區的「猶太商圈」（quartier juif，希伯來語Pletzl，鄰近la place Saint-Paul; la rue Pavée, la rue des Rosiers, la rue Ferndinand-Dival la rue de Rivoli 圍繞起來的梯形區塊）[19]、十區「印度商圈」（quartier indien，la gare du Nord與métro La Chapelle周遭，以及le Faubourg Saint-Denis）[20]、十八區「非洲商圈」（quartier africain，la Goutte d’Or地鐵站，以及Château rouge）[21]、十區與九區交界的「阿拉伯商圈」（quartier arabe，地鐵站Berbès-Rochechouart方圓數百公尺），台商遠離華人區，但沒有選擇上述族裔商圈

的理由，原因是族裔相似性極小，無法融入，太過突出，變得非常孤立。想要獨立於華人、中國人身分的台灣餐廳依然需要一些亞洲元素，方便點綴。就像台灣所在處的東亞，需要藉由與鄰國的相對位置，才能彰顯自己。

---

17 有關巴黎移民族群和都市計畫的關係，參閱 Michel Pinçon and Pinçon-Charlot, Paris Mosaïque : Promenade urbaine, Paris : Calmann-Lévy, 2001。

18 參考 Kazuhiko Yatabe, "Des Japonais en France : adaptation et ethnicité", in *Pratiques et représentations sociales des Japonais*. ed. Jane Cobbi（Paris : L'Harmattan, 1993）, p.196-217. 一書提到法國日本移民人口的起源與主要特徵。

19 https://www.liberation.fr/culture/二〇〇五/06/03/quand-les-juifs-du-marais-vivaient-en-pletzl_522215/

20 https://trvlr.fr/le-quartier-indien/

21 https://www.leparisien.fr/paris-75/cet-ete-partez-sur-les-traces-du-paris-africain-25-06-2020-8341974.php

圖 3　巴黎市不同的族裔商區地景，可經由地鐵圖裡的車線與站名按圖索驥，楊豐銘提供。

M RER
Paris
RATP
ratp.fr
Légende
RER: au delà de cette limite, en direction de la banlieue, la tarification dépend de la distance. Les tickets t+ ne sont pas valables.
Correspondances
Fin de lignes en correspondance
Pôle d'échange multimodal, métro, RER, tramway
Liaison urbaine
Pontoise C
Épinay Orgemont
T8
T11
Le Bourget
Épinay sur-Seine
H
T8 Villetaneuse Université
D Creil
T5
13 Les Courtilles
T1 Asnières Quatre Routes
Le Village
Le Luth
Gennevilliers
Timbaud
Parc des Chanteraines
Chemin des Reniers
La Noue
Les Grésillons
St-Denis
Delaunay-Belleville
P. Éluard
Théâtre Gérard Philipe
Marché de St-Denis
Basilique de St-Denis
Pierre de Geyter
Saint-Denis Porte de Paris
Stade de France Saint-Denis
Les Agnettes
Gabriel Péri
Saint-Ouen
Carrefour Pleyel
14 Mairie de Saint-Ouen
T2 Pont de Bezons
La Garenne Colombes
Asnières sur-Seine
Mairie de Clichy
Garibaldi
J
L
A Cergy
A Poissy
A St-Germain en-Laye
Charlebourg
Les Fauvelles
Faubourg de l'Arche
Pont de Levallois Bécon 3
Porte de Clichy
Porte de Saint-Ouen
Guy Môquet
Porte de Clignancourt 4
Simplon
Jules Joffrin
Marcadet Poissonniers
Lamarck Caulaincourt
Château Rouge
Barbès Rochechouart
Anatole France
Louise Michel
Porte de Champerret
Pereire – Levallois
T3b Porte d'Asnières Marguerite Long
Brochant
Pereire
Pont Cardinet
La Fourche
Abbesses
Funiculaire de Montmartre
1 La Défense Grande Arche
Esplanade de La Défense
Pont de Neuilly
Puteaux
Les Sablons
Porte Maillot
Neuilly–Porte Maillot
Wagram
Malesherbes
Villiers
Monceau
Courcelles
Ternes
Rome
Place de Clichy
Blanche
Pigalle
Anvers
Gare du Nord
Liège
Saint-Georges
Trinité d'Estienne d'Orves
Notre-Dame de-Lorette
Europe
Gare Saint-Lazare
Saint-Lazare
E Haussmann Saint-Lazare
Cadet
Poissonnière
Le Peletier
Château d'Eau
Argentine
Charles de Gaulle Étoile
6
2 Porte Dauphine
Avenue Foch
Victor Hugo
Kléber
George V
Saint-Augustin
Miromesnil
Saint-Philippe du-Roule
Chaussée d'Antin La Fayette
Richelieu Drouot
Havre Caumartin
Opéra
Grands Boulevards
Bonne Nouvelle
Strasbourg Saint-Denis
Auber
Quatre Septembre
Bourse
Sentier
Réaumur Sébastopol
Arts et Métiers
Franklin D. Roosevelt
Madeleine
Pyramides
Étienne Marcel
Les Halles
Châtelet Les Halles
Rambuteau
Boissière
Alma Marceau
Champs Élysées Clemenceau
Concorde
Palais Royal Musée du Louvre
Louvre Rivoli
Hôtel de Ville
Rue de la Pompe
Avenue Henri Martin
Iéna
Trocadéro
Pont de l'Alma
Invalides
Tuileries
Musée d'Orsay
Pont Neuf
Châtelet
11
Cité
Pont Marie
Assemblée Nationale
La Muette
Boulainvilliers
Passy
La Tour Maubourg
Solférino
St-Michel Notre-Dame
Champ de Mars Tour Eiffel
Bir-Hakeim
Varenne
Rue du Bac
Saint Germain des-Prés
St-Michel
Cluny La Sorbonne
Sully Morland
Ranelagh
Avenue du Pdt Kennedy
École Militaire
Dupleix
Saint François Xavier
Sèvres Babylone
Mabillon
Odéon
Maubert Mutualité
Saint-Sulpice
Cardinal Lemoine
La Motte Picquet Grenelle
Vaneau
Luxembourg
Jasmin
Avenue Émile Zola
Rennes
St-Placide
Michel Ange Auteuil
Église d'Auteuil
Javel
Cambronne
Ségur
Duroc
Notre-Dame des-Champs
Jussieu
Porte d'Auteuil
Mirabeau
Javel André Citroën
Charles Michels
Commerce
Falguière
Montparnasse Bienvenüe
Vavin
Place Monge
Boulogne Jean Jaurès
Michel Ange Molitor
Chardon Lagache
Exelmans
Sèvres Lecourbe
Pasteur
Gare Montparnasse
Edgar Quinet
Raspail
Port-Royal
Censier Daubenton
Félix Faure
Les Gobelins
Denfert Rochereau
10 Boulogne Pont de St-Cloud
Parc de St-Cloud
Porte de St-Cloud
Pont du Garigliano
T3a
Boucicault
Volontaires
Gaîté
Saint-Jacques
Mouton Duvernet
Corvisart
Place d'Italie
Lourmel
Vaugirard
Pernety
Glacière
Marcel Sembat
Billancourt
8 Balard
Desnouettes
T2
Convention
Plaisance
Alésia
Cité Universitaire
Tolbiac
Maison Blanche
9 Pont de Sèvres
Porte de Versailles Parc des Expositions
Porte de Vanves
Porte d'Orléans
Issy Val de Seine
Suzanne Lenglen
Henri Farman
Porte d'Issy
Georges Brassens
Brancion
Didot
Jean Moulin
Montsouris
Stade Charléty
Poterne des Peupliers
Musée de Sèvres
Brimborion
Jacques-Henri Lartigue
Issy
Corentin Celton
Malakoff Plateau de Vanves
Malakoff Rue Étienne Dolet
Mairie de Montrouge
Gentilly
Barbara
Laplace
Les Moulineaux
Meudon sur-Seine
12 Mairie d'Issy
Viroflay Rive Droite
T6
L
U
Meudon Val-Fleury
T6
13 Châtillon – Montrouge
Bagneux Lucie Aubrac 4
Arcueil – Cachan
Viroflay Rive Gauche
Chaville – Vélizy
Vauban
Centre de Châtillon
Parc André Malraux
Division Leclerc
Robinson B
Bagneux
Bourg-la-Reine
C Versailles Château
N
Robert Wagner
L'Onde
Mairie de Vélizy
Louvois
Inovel Parc Nord
Dewoitine
Vélizy 2
Meudon-la-Forêt
Georges Millandy
Georges Pompidou
Parc Blanc
Mail de la Plaine
Hôpital Béclère
Soleil Levant
C St-Quentin en-Yvelines
Antony
Tarification spéciale
Massy – Palaiseau C
Saint-Rémy lès-Chevreuse B
Orly 1, 2, 3
Orly 4
Aéroport d'Orly
La Fraternelle
T7 Athis-Mons

去「中國化」的商業手段

在國族意識強烈的台商裡，二〇二〇年罹患癌症不幸過世、綽號「廚娘素瓊」的黃素瓊是打開台灣餐飲名號的領銜人。育有一子的黃素瓊與軍購案來台出差的法國人相戀繼而再婚，二〇〇二年定居法國。實踐大學餐飲系畢業、回到老家高雄開英語補習班的黃素瓊曾是筆者在巴黎調查台法跨國婚姻飲食文化的受訪者。她曾與號稱全法國第一家打著台灣餐廳旗幟、熱賣珍珠奶茶——其商店的法語名稱Zenzoo，即是珍珠的譯音，二〇〇三年開張於巴黎的日韓商圈[22]——的「珍珠茶館」合作，籌畫菜單。她也提供外燴，自稱曾為喜歡異國料理的已故法國總統席哈克外送過餐點。最讓人津津樂道的是，她自費出版四本法文台灣食譜以及一本自傳。當初不見經傳的她，毛遂自薦地到巴黎最知名的美食書店La librairie Gourmande賣自己的書，是第一個以食物書籍在法國辦簽書會的台僑、台商。台獨傾向的素瓊，也曾在留法台灣同學會網站「解悶來法國」上越洋與人辯論時事。[23]

筆者在十年前研究珍珠奶茶全球化在巴黎的時候，發現牛肉麵和珍珠奶茶是最早被引進法國餐館的台灣料理。[24]像是位於十三區華人商圈一間賣越南河粉的餐館，老闆是留學過台灣的越南人，老闆娘是法國人。老闆因緣際會認識了當時的台北牛肉麵節，知道牛肉麵的料理方式跟當地的紅酒燉牛肉有異曲同工之妙，偷偷地業配在自己河粉的菜單。單憑口耳相傳的方式，限量實驗式的販賣，在台僑界據稱是最道地的牛肉麵。以及在地鐵六號線Nation站經營台灣食品進出口的台裔西班牙籍媽媽。另外，也有偷渡牛肉麵的韓國餐廳「泰東館chikoja」。內部販賣

圖4　「廚娘素瓊」中法文對照的台灣料理食譜，楊豐銘提供。

22 謝芷霖，〈商界的藝術創作：「珍珠茶館」、「珍藏」創立人訪談〉，《中法文化教育基金會會刊：巴黎視野》四（二〇〇八），頁三〇—三五。

23 http://roc.taiwan.free.fr/bbs/index

24 楊豐銘，〈探析法國人喝珍珠奶茶的觀感與現象〉，《中華飲食文化基金會會訊》十七卷三期（二〇一一），頁一三—一九。

圖 5 「法國台風」（Taiwan Style en France）活動文宣，巴黎著名地景之間夾雜有珍奶、鳳梨酥、泡茶等台灣食物代表，楊豐銘提供。

的是來自亞洲各地的食品，只是外面商標的選擇跟業者的移民途徑和個人偏好有關。

Jack Goody在《烹飪、菜餚與階級》一章〈高級與低級菜餚：亞洲和歐洲的烹調文化〉中提到中餐館長久以來被視為低廉的消費和底層人士的產業，是來自中餐和中餐館的概念都與困苦的海外華語移民有關。[25] 遠赴法國打天下、無法接受被冠上中國人身分的台灣餐飲業者，試圖與具有呼應近來強調台灣主體性的食物，藉此建構出他們「台商性格」（caractéristiques des commerçants/entrepreneurs taiwanais）。那麼，這群新興台商選擇什麼樣的食物來代表台灣？另外，他們想要賦予這些代表台灣食物有哪些別於中國餐館的特徵、價值、與意義？這群藏身於日韓商圈的台商，由僑委會、文化部、外交部的贊助，在二〇二一年暑假公同參與一個名為「法國台風」（Taiwan Style en France）的活動[26]。這是一個聚集巴黎（還包含里昂、波爾多、尼斯等地）市區近二十家與台灣有關的餐廳美食推廣活動。「法國台風」名單裡餐館公開發售的食物，習慣以法國料理，即循序漸進的前菜、主菜、甜點，或者「當日主食」（plat du jour）、「拿

25 Jack Goody, *Cooking, Cuisine and Class:* A Study in Comparative Sociology（Cambrige: Cambrige University Press, 1982）.

26 https://www.taiwanstyle.fr

手菜」（spécialités）的方式呈現。筆者分析這群餐館公布在網路各式各樣的菜單，以及餐館業者的受訪報導，發現他們「去中國化」（de-sinicization）的手段。

A. 店名「台語化」

Chez Ajia、Foodi Jia-Ba-Buay、Laïzé、Zaoka、與Ao Tao Tsu等幾家台灣餐館刻意用台灣話命名店招牌，凸顯台灣籍業主在海外宣示的國族認同意識，台語給法國消費者帶來的強烈陌生感，也藉此刻意要區別他們跟中國餐館的差異：

1. Chez Ajia的chez是法語的「在某人家」，Ajia是閩南話的「阿姊仔」，意指來「阿姊仔家坐坐」；
2. Foodi Jia-Ba-Buay 的Jia-Ba-Buay「吃飽了嗎」；
3. Laïzé是「來坐」；
4. Zaoka是閩南話的「廚房」；
5. Ao Tao Tsu 是閩南話的「後頭厝」。

B. 菜單裡的台灣元素

有別於先前僅限於珍珠奶茶或牛肉麵的台灣食物，現在巴黎的台灣食物多元多樣化，這群台灣小酒館強調的台灣料理／菜，以添加下列五大類別的「台灣元素」為主，視為廣義的台灣食物：

1. 台灣業主親手製作：自己灌台式甜味香腸，強調不同於中國的臘肉或歐洲的煙燻香腸。
2. 直接從台灣進口的食物：不放中國餐廳販售的青島啤酒，改售台灣啤酒，甚至茉莉花精釀啤酒、馬告山胡椒精釀啤酒。

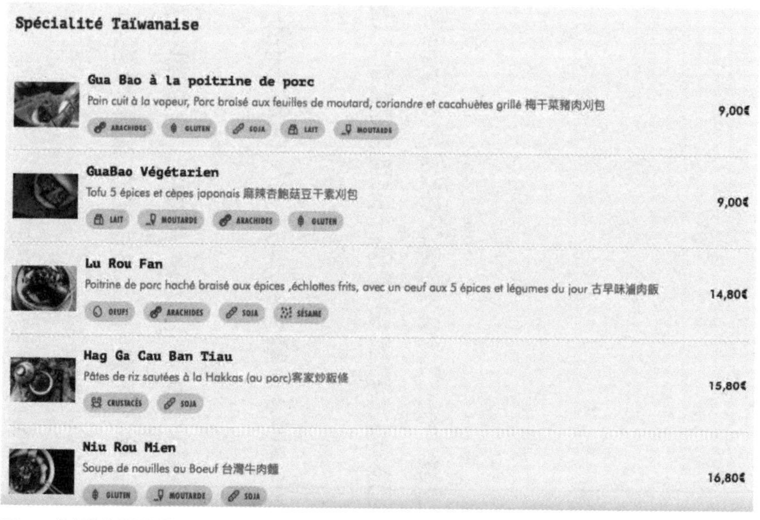

圖 6　以閩南語發音名稱（Gua Bao刈包、Lu Rou Fan滷肉飯、Cau Ban Tiau炒粄條、Niu Rou Mien牛肉麵）為主，搭配中文與法文解釋為輔的菜單，楊豐銘提供。

3. 涉及台灣的風俗民情：不學華人通稱的「盒飯」，改以「便當」（Bento）或以法文的「今日特餐」稱呼。
4. 參考台灣當地的飲食與料理習慣：例如九層塔炒蛤喇（palourdes sautées au basilic）、三杯雞、炒米粉、鹹酥雞、雞絲飯（riz et effiloché de suprême de poulet）。
5. 混合台灣食材的特色：花雕酒雞、芋泥小籠包、荔枝紅茶奶酪（Pana cotta au thé au litchi）。

這波在商圈、店名、菜單去「中國化」的台商們在商業上的穩定實際獲利還是未定數，但可以確定的是，製造台灣食物／菜／料理的台商們在巴黎移民人口大小勢力所劃分和建構而來的族裔經濟地圖裡已留下足跡。

TOPPINGS

Boba Gros tapioca naturel 波霸（大顆）Boba タピオカ	0.5
Jinzou Petit tapioca naturel 珍珠（小顆）Little pearl 小粒タピオカ	0.5
Jiya Gelée imoelleuse légèrement citronnés 愛玉jiya jelly 愛玉子ゼリー	0.5
Nata de coco Gelée caoutchouteuse parfum litchi 椰果Nata de coco ナタデココ	0.5
Tofu à l'amande 杏仁豆腐 Almond tofu 杏仁豆腐	0.5
Gelée de café 咖啡凍Coffee jelly コーヒーゼリー	0.5

SIZE

M 500 ml **L 700 ml**

SUGAR & ICE

Sans sucre	0%	Sans glaçons	0%
Très peu sucré	10%	Un peu froid	30%
Peu sucré	30%	Moyen froid	50%
Moyen sucré	50%	Assez froid	70%
Assez sucré	70%	Bien froid	100%
Bien sucré	100%	Chaud	H–

圖 7 巴黎台灣小酒館引進台式茶飲店甜度和冰塊客服的文化，楊豐銘提供。

Notre thé provient du versant sud de la montagne Pakua, située au centre de l'île, où il grandit dans une terre ocre irriguée par la source de la montagne, permettant aux feuilles d'arriver à maturation et de révéler leur odeur très parfumée sans l'utilisation d'aucun additif.
Il est ensuite acheminé à Tainan, qui est la capitale culturelle de Taïwan, auréolant ses arômes naturels d'une dimension historique très importante pour les Taïwanais.

Dans les plantations, nos théiers poussent au milieu d'autres plantes afin de ne pas les isoler de leur milieu naturel. Leurs feuilles sont entretenues avec soin puis récoltées à la main. On peut voir des papillons et des abeilles voler autour des arbustes. C'est précisément cet environnement entièrement naturel qui nous permet d'assurer la qualité de nos thés tout en respectant l'écosystème. Une fois la fermentation des graines terminée, elles sont grillées par nos Maîtres de thé. Vous pouvez alors savourer les arômes de Formosa dans votre tasse !

圖 8 巴黎台灣茶飲店的「風土」，強調來自台灣的食物履歷，楊豐銘提供。

Accueil / **Cuisine et recettes**

La cuisine taïwanaise, le début d'un succès français

Mélissa Cruz • Le 01 août 2018

圖 9　法國時尚雜誌《費加洛夫人》報導巴黎台灣餐館，楊豐銘提供。

結語：小型／衆台商與海外台灣形象建構

台商進駐法國的歷史剛剛走過第三個十年，在產業類別的趨勢，以及國家形象的標榜這兩個層面上，已經出現明顯的世代差異。法國第一代台商（一九九〇—二〇二一〇）泰半是製造業，公司和工廠所在地是遠離車水馬龍的工業區，在業界以外是名不經傳。第二代台商（二〇一〇—）是一群從事餐飲業的生意人，特徵是位處市中心、營業面積坪數小、注重在地社區經營、以及與消費者的實際互動。一時之間，喜歡異國料理的法國人趨之若鶩，甚至具有全國知名度的時尚雜誌《費加洛夫人》（Madame Figaro）也爭相報導。從郊區的工業廠房到市區的社區餐館，即是世代差異的分水嶺，法國台商的產業內容多元化，其社會意涵也更豐富，不單單只是產品的銷售罷了。筆者截稿的時候，因為先前在網路上留下不少數位足跡的搜尋紀錄，像是「台商」、「台灣餐廳」等關鍵詞，電腦螢幕前自動跳出三立新聞台節目《消失國界》的一則報導：「紐約法拉盛昔日以小台北聞名，正宗台菜、台灣小吃通通吃得到。隨者時代變遷、人口外流，正宗台菜面臨危機。」網際網路伺服器的ＡＩ大數據似乎以為我正在消費，有選擇障礙，想要提供一些相關訊息，殊不知完全不是那麼一回事。或者它根本了解我的苦悶，欲激發寫作的靈感。網路的讀者可能會想像巴黎台商開的餐廳是否會步上大西洋另一邊的後塵：台灣商人複製台灣菜，形成一個固定的商圈。巴黎的台灣餐廳目前是台灣籍人商挪借「台灣」這個具有市場區隔價值的招牌，實踐自我理想的景象。巴黎台灣人的歷史和規模遠遠不及紐約台灣人，這也是法國台商的獨特性：建構一個小眾台商的論述。況且，法國台商內部的人口結構也在轉型，台灣形象的代表或許不是台灣製造業大廠與服務業大公司的海外分部，也是獨自闖天下的小商人。華為電腦、豐田汽車、與三星手機都為中國、日本、韓國在海外厚植了國家形象。正當別的亞洲國家在法國的國家形象（national image）可以超越最基本的地理位置的識別，而且被當地人主觀地談論的時候，台灣卻被框架在幾個簡單的刻板印象做突破與掙扎。小型／眾的法國台商做為一個宣傳台灣國家品牌（national branding）的媒介，在法國社會生活裡還有相當大的展演空間。

作者簡介（按本書篇序排列）

曾齡儀

美國紐約市立大學歷史學博士，任職於臺北醫學大學通識教育中心。研究興趣為近代日本史、近代台灣史、移民與食物史。著有《沙茶：戰後潮汕移民與台灣飲食變遷》。

謝濬澤

國立暨南國際大學歷史學系博士，國立高雄科技大學博雅教育中心專案助理教授。專長為台灣社會經濟史、東南亞歷史與文化、海外華人研究、社區總體營造、田野調查。

許瓊丰

兵庫縣立大學經濟學研究科博士（經濟學），國立公共資訊圖書館助理輔導員。

研究專長為日本華僑華人史、日治時期台灣史。

楊子震

日本國立筑波大學國際政治經濟學博士，現任南臺科技大學通識教育中心助理教授。主要研究領域為東亞國際政治、台日關係。

陳尚懋

國立政治大學政治學博士，佛光大學公共事務學系教授兼國際長，台灣東南亞學會理事長，台灣自由選舉觀察協會理事長。研究專長為政治經濟學、比較政治、東南亞區域研究、泰國政經。

王文岳

國立臺灣大學政治學博士，國立暨南國際大學東南亞學系副教授兼系主任。研究專長為東南亞政治經濟與環境政治、越南政經轉型與民族主義、東亞區域整合與秩序變遷。

郭忠豪

美國紐約大學歷史系博士，任職於臺北醫學大學人文暨社會科學院。研究興趣是近代東亞的食物與動物歷史、海外華人飲食文化。著有《品饌東亞：食物研究中的權力滋味、醫學食補與知識傳說》。

楊豐銘

法國高等社科院（EHESS）社會學博士、法國政治人類學研究中心（Laboratoire d'Anthropologie Politique）附屬研究員。現任法國土魯斯第二大學（Université Toulouse II Jean Jaurès）與馬來西亞泰萊大學（Taylor's University）飲食研究國際雙聯碩博士學程高級講師。

國家圖書館出版品預行編目（CIP）資料

商跡：日治時期到戰後台商的海外拓展故事，管窺台灣在世界的影響力/曾齡儀, 郭忠豪, 王文岳, 許瓊丰, 謝濬澤, 陳尚懋, 楊子震, 楊豐銘著作；曾齡儀主編. -- 初版. -- 臺北市：麥田出版, 城邦文化事業股份有限公司出版：英屬蓋曼群島商家庭傳媒股份有限公司城邦分公司發行, 2024.02
面；　公分. --（人文; 34）

ISBN 978-626-310-611-6（平裝）

1.CST: 歷史　2.CST: 工商企業　3.CST: 國外投資　4.CST: 臺灣

552.339　　112021199

人文34

商跡

日治時期到戰後台商的海外拓展故事，管窺台灣在世界的影響力

主編　曾齡儀
著作　曾齡儀、郭忠豪、王文岳、許瓊丰、謝濬澤、陳尚懋、楊子震、楊豐銘
責任編輯　陳佩吟

版權　吳玲緯　楊　靜
行銷　闕志勳　吳宇軒　余一霞
業務　李再星　李振東　陳美燕
副總編輯　林秀梅
編輯總監　劉麗真
專業群總經理　謝至平
發行人　何飛鵬

出版　麥田出版
城邦文化事業股份有限公司
台北市南港區昆陽街16號4樓
電話：886-2-25007696　傳真：886-2-2500-1951
發行　英屬蓋曼群島商家庭傳媒股份有限公司城邦分公司
台北市南港區昆陽街16號8樓
客服專線：02-25007718；25007719
24小時傳真專線：02-25001990；25001991
服務時間：週一至週五上午09:30-12:00；下午13:30-17:00
劃撥帳號：19863813　戶名：書虫股份有限公司
讀者服務信箱：service@readingclub.com.tw
城邦網址：http://www.cite.com.tw
麥田部落格：http://ryefield.pixnet.net/blog
麥田出版Facebook：https://www.facebook.com/RyeField.Cite/

香港發行所　城邦（香港）出版集團有限公司
香港九龍九龍城土瓜灣道86號順聯工業大廈6樓A室
電話：852-25086231　傳真：852-25789337
電子信箱：hkcite@biznetvigator.com

馬新發行所　城邦（馬新）出版集團
Cite（M）Sdn. Bhd.（458372U）
41, Jalan Radin Anum, Bandar Baru Seri Petaling,
57000 Kuala Lumpur, Malaysia.
電話：+6(03)-90563833　傳真：+6(03)-90576622
電子信箱：services@cite.my

封面設計　陳正桓
電腦排版　宸遠彩藝工作室
印刷　沐春行銷創意有限公司

初版一刷　2024年02月29日

定價 / 450元
ISBN：978-626-310-611-6
9786263106109 (EPUB)